Who Am I

나는 누구인가

쉽게 읽는 한글판 나의 뿌리

경주 김씨 이야기

慶州金氏

김알지탄강금궤도[金閼智誕降金櫃圖]
조선 인조시대 사대부 화가인 조속(조속)이 그린 금궤도(금궤도). 신라김씨(경주김씨) 시조 김알지가 계림에서 금궤짝을 통해 탄강하는 이야기를 소재로 했다. 1636년. 105.5×56cm, 비단에 채색. <국립경주박물관>

계림비각([鷄林碑閣]
1803년(순조 3)에 세운 6각형 비각으로, 안에는 계림의 내력과 경주김씨(慶州金氏) 시조 김알지(金閼智)의 탄생설화를 새긴 '경주김알지탄생기록비'가 놓여 있다. 비석은 높은 대석과 비신, 개석으로 이루어져 있으며 영의정 남공철(南公轍)이 비문을 짓고, 경주부윤 최헌중(崔獻重)이 글씨를 썼다. 소재지:경주시 교동 계림(사적 제19호)

계림세묘[鷄林世廟]
경주김씨 김알지(金閼智)의 묘우(廟宇). 일명 세묘전(世廟殿)이라고도 한다.
경주김씨(慶州金氏) 시조(始祖)인 김알지를 배향하는 사당. 소재지:경주시 황남동 215-1번지

미추왕릉[味鄒王陵]
경주고분공원으로 조성(造成)한 대릉원(大陵苑)에 있다. 능 앞에는 혼유석(魂遊石)이 있고, 무덤을 보호하기 위해 담장이 능 주위에 둘러져 있으며, 전면에는 삼문이 있다. 내부구조는 돌무지덧널무덤으로 여겨진다. 사적 제175호 소재지:경북 경주시 황남동 89-2

내물왕릉[奈勿王陵]
사적 제188호. 소재지:경북 경주시 교동 14

법흥왕릉[法興王陵]
사적 제176호. 소재지:경북 경주시 효현동 63

진흥왕릉[眞興王陵]
사적 제177호.. 소재지:경북 경주시 서악동.

진지왕릉[眞智王陵]
사적 제178호. 경북 경주시 서악동 산 92-2.

선덕여왕릉[善德女王陵]
소재지:경북 경주시 보문동 산79-2. 사적 제182호.

태종무열왕릉[太宗武烈王陵]
사적 제20호. 소재지:경북 경주시 서악동 842.

태종무열왕릉비[太宗武烈王陵碑]
지정번호 국보 제25호. 소재지:경북 경주시 서악동 844-1.

진덕여왕릉[眞德女王陵]
소재지:경북 경주시 현곡면 오류리 산48. 사적 제24호.

신문왕릉[神文王陵]
소재지:경북 경주시 배반동. 사적 제181호.

효소왕릉[孝昭王陵]
사적 제184호. 소재지:경북 경주시 조양동 산8.

성덕왕릉[聖德王陵]
사적 제28호. 소재지:경북 경주시 조양동 산8.

경덕왕릉[景德王陵]
사적 제23호. 소재지:경북 경주시 내남면 부지리 산8.

원성왕릉[元聖王陵, 일명(掛陵)]
사적 제26호. 소재지:경북 경주시 외동읍 괘능리 산17.

헌덕왕릉[憲德王陵]
사적 제29호. 소재지:경북 경주시 동천동.

흥덕왕릉[興德王陵]
사적 제30호. 소재지:경북 경주시 안강읍 육통리 산42.

희강왕릉[僖康王陵]
사적 제220호. 소재지:경북 경주시 내남면 망성리34.

민애왕릉[閔哀王陵]
사적 제190호. 소재지:경북 경주시 내남면 망성리 산40.

신무왕릉[神武王陵]
사적 제185호. 소재지:경북 경주시 동방동.

헌안왕릉[憲安王陵]
사적 제179호. 소재지:경북 경주시 서악동.

헌강왕릉[憲康王陵]
사적 제187호. 소재지:경북 경주시 남산동.

정강왕릉[定康王陵]
사적 제186호. 소재지:경북 경주시 남산동 산53.

효공왕릉[孝恭王陵]
사적 제183호. 소재지:경북 경주시 배반동 산14.

숭혜전[崇惠殿]
경북 경주시 황남동에 있는 신라시대 사묘재실.
경북문화재자료 제256호.
소재지:경북 경주시 황남동 216

경순왕[敬順王] 표준영정

경순왕릉[敬順王陵]
사적 제244호.
소재지:경기도 연천군 장남면 고랑포리 산18-2.

경천묘[原州敬天廟]
소재지:강원도 원주시 귀래면 주포리

마의태자(麻衣太子)·김부대왕(金傅大王:경순왕) 유적비[遺蹟碑]
소재지:강원도 인제 상남면 금부리

마의태자 망배단
소재지:전북 완주군 구이면 청명동(명당록)

문열공(文烈公) 휘 부식[富軾, 1075~1151]

계림군(鷄林君) 휘 균[稛, 1341~1398] 묘소

계림군 묘표 전

계림군 묘표 후

계림군(鷄林君) 신도비(神道碑)
1840년(헌종 6년) 건립. 송병선(宋秉璿)이 비문을 지었고, 윤용구(尹用求)가 글씨를 썼다.

계림군(鷄林君) 사우(祠宇)
소재지:경기도 광주시 오포읍 능평리

계림군 3세 공호공(恭胡公) 휘 종순[從舜, 1405~1483] 묘소

계림군 3세 부제학공 신민[新民, 1398~1465] 묘소

계림군 3세 종효(從孝) 단(壇)
울산 낙남조(落南祖)
소재지:울산광역시 울주군 상북면 명촌리
명촌문중 도선영 위 자좌 양위 설단

계림군 3세 인민(仁民) 묘소

송애(松崖) 휘 경여[慶餘, 1597~1653] 묘소
소재지:연기군 동면 응암리 부강 가마골.

송애당(松崖堂)
소재지:대전광역시 대덕구 중리동 115번지

공절공(恭節公) 신도비(神道碑)

참판공 휘 만균[萬鈞, ?~명종 4년(1549)] 묘소
소재지:경기도 고양시 덕양구 관산동 경주김씨 묘역

휘 경원(慶元) 묘소
소재지:경기도 고양시 덕양구 관산동 경주김씨 묘역

경림부원군(慶林府院君) 휘 명원(命元) 묘소
고양시 향토문화재 제10호
소재지:경기도 고양시 덕양구 관산동 산71-1

경림부원군 신도비

휘 일진[一振, 1633~1665]
소재지:경기도 고양시 대자동

효간공(孝簡公) 휘 주신(柱臣) 묘소
향토유적 제18호. 소재지:경기도 고양시 덕양구 대자동 산26-1

인원왕후[인원왕후, 1687~1757]
능은 고양(高陽)의 명릉(明陵).

충헌공(忠獻公) 휘 홍집(弘集) 묘소
향도유적 제24호.
소재지:경기도 고양시 덕양구 대자동 산26-1.

대안군(大安君) 휘 은열(殷說) 영단(靈壇)

대안군(大安君) 묘지명(墓誌銘) 탁본

고려보국대안군시중시랑 평장사경주김공휘 은열 비국대부인경주최씨 지령단
(高麗輔國大安君侍中侍郞 平章事慶州金公諱 殷說 妣國大夫人慶州崔氏 之靈壇)

상촌공(桑村公) 휘 자수[自粹] 묘소
경기기념물 제98호.. 소재지:경기도 광주시 오포읍 신현리 산120-1

(좌측 상단부터) 배위 우봉이씨,
상촌 순절비각, 신도비,
(우측 하단) 절명사비

상촌공 유장(遺杖)
지천서원내

추원재(追遠齋)
소재지:경북 안동시 안기동 산101-1

상촌공 효행비(孝行碑)

상촌 충효대절(忠孝大節)
숭모비(崇慕碑)
지천서원 입구

지천서원(知川書院)
음성군 향토문화유적 제1호. 소재지:충북 음성군 생극면 팔성리 167.

타양서원(陀陽書院)
소재지:경북 안동시 일직면 조탑리

십청헌(十淸軒) 휘 세필(世弼) 묘소
경기도 문화재자료 제92호. 소재지:경기도 용인시 수지읍 죽전리 산23 일원.

충민공(忠愍公) 휘 저[儲] 묘소

성암서원[聖巖書院]
소재지:충남 서산시 읍내동 673.

문정공(文貞公) 휘 홍욱[弘郁] 묘역
소재지:충남 서산시 대산읍 대로리.

정헌공(靖獻公) 휘 홍경[興慶] 묘소
소재지:충남 예산군 신암면 용궁리 73-28

정헌공(靖獻公)
신도비와
신도비문

월성위(月城尉) 휘 한신[漢藎] 묘소와
화순옹주[和順翁主] 정문(旌門)
(묘) 충남 문화재자료 제189호
(홍문) 충남 문화재자료 제45호

추사(秋史) 휘 정희(正喜) 묘소
충남 기념물 제24호. 소재지:충남 예산군 신암면 용궁리 799외 13

추사(秋史) 휘 정희(正喜)
생졸년[정조 10년(1786)~철종 7년(1856)], 자는 원춘(元春), 호는 추사(秋史).

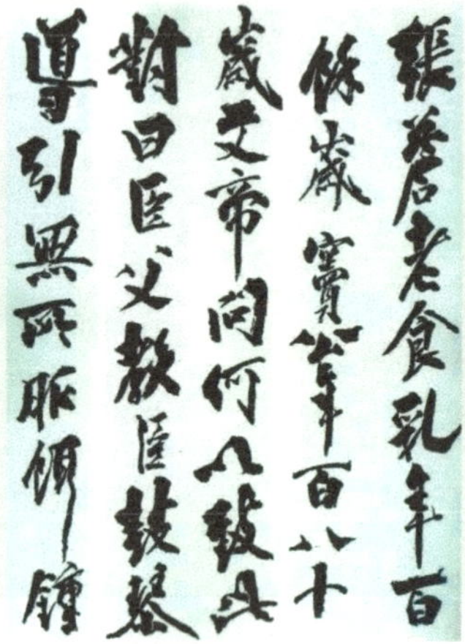

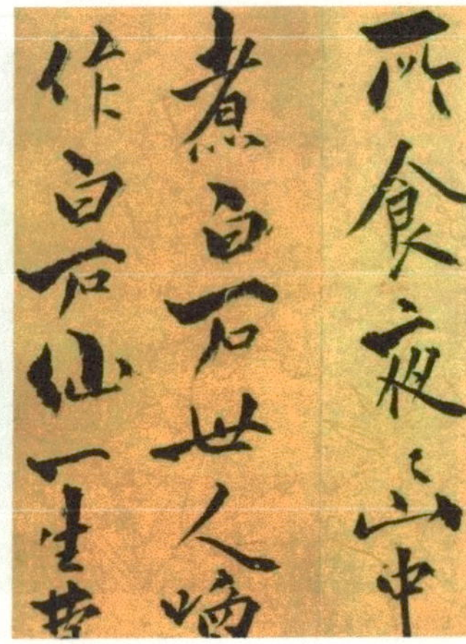

추사체(秋史體)와 추사고택(秋史古宅)

정순왕후[貞純王后, 1745~1805]

정순왕후생가[定順王后生家]
소재지:충남 서산시 음암면 유계리 464.

화보(畵報)

머리말

《 경주(慶州) 김(金)씨 이야기 》

우리 한민족(韓民族)은 세계 어느 나라 어느 민족(民族)과도 비교되는 남다름을 담고 있는 민족이니, 그것은 유구한 역사와 시간 속에서도 한결같이 이어져온 하나의 혈맥(血脈)에서 나오는 자기 정체성과 일체감이 아닐까 합니다.

우리들이 더욱 화목(和睦)하고 단합(團合)하여 국가(國家)와 민족(民族)에 봉사하는 것이야말로 우리들이 이 《 경주 김씨 이야기 》를 발간하는 참뜻이라 할 것입니다.

그런 의미에서 본 서책은 경주 김씨에 관해 체계적으로 정리 한 것으로 족인의식(族人意識)을 자각하고 일족(一族)의 친목(親睦)을 도모하며 조상(祖上)의 뛰어난 행적을 널리 알리고자 하는 목적으로 시대적 요구에 부응하는 가장 적합한 서책이라 할 것입니다.

조상의 행적의 공(功)과 덕(德)이 많음에도 알지 못하면 부지(不知)의 소치이며, 그 공덕(功德)을 알면서도 전(傳)하지 아니하면 불인(不仁)의 소치라 하였습니다.

급변하는 세상을 하루하루 바쁘게 살아오는 동안 오늘날 우리는 너나 할 것 없이 부지불인(不知不仁)을 면하지 못하고 있음을 생각하며 늘 안타까운 마음을 갖고 있던 차에 이렇게 우리의 역사를 성씨별로 읽기 쉽게 정리한 보첩이 발간되어 세상에 나오니 반가운 마음을 금할 수 없습니다.

특히 요즈음 자라나는 새 세대들은 세계사(世界史)나 외국 위인(偉人)에 대해서는 잘 알면서도 자기(自己)의 가계(家系)나 조상(祖上)들이 이루어 놓은 유사(遺事)에 관하여는 소홀히 하는 경향이 있는데, 이러한 시대적 상황에 처하여 온고지신(溫故知新)의 윤리도덕(倫理道德)으로 새로운 미풍양속(美風良俗)을 승화 발전시켜야 할 책무(責務)가 우리 세대에 요청받고 있으니, 다음 젊은 세대(世代)에게 올바른 윤리도덕(倫理道德)과 씨족(氏族)의 중요성을 일깨워야할 소명(召命)이며 의무(義務)가 아닐 수 없겠습니다.

지금까지의 대부분의 문중 사료와 보첩들은 우리 후손들에게는 너무 어려워서 가까이 하지 못한 점이 늘 안타까웠기에 본 《 경주 김씨 이야기 》는 남녀노소 모두에게 이해하기 수월하게 구성하여 묶어 내었습니다.

이로써 생활 속에서 보다 가깝고 친근하게 조상(祖上)과 뿌리를 알게 하고 기본적인 예절을 알게 되는 계기가 될 것이라 기대합니다.

그동안 이 보첩의 발간을 위하여 지원하고 노력하여주신 여러분들에게 진심으로 감사를 드리며, 우리민족의 위대한 발전과 도약을 기원합니다.

2014. 9. 20.
성씨이야기편찬실

차 례

▌경주김씨(慶州金氏) 각 파별 분파(分派)와 약사(略史)

▌중시조(中始祖) 경순대왕(敬順大王) 실기(實記)

일러두기

1. 이 책은 전통적인 족보(族譜)와 보첩(譜帖)의 체제에서 벗어나 선조(先祖)들의 구체적인 행적(行蹟)에 대해 일반인들과 젊은 세대(世代)가 쉽게 보고 이해할 수 있도록 하는 것에 주된 방향을 맞추어 편찬하였습니다. 때문에 어려운 한문체(漢文體)의 내용이나 중복되는 내용이 많은 것은 배제하였습니다.

2. 본 보첩(譜諜) 편찬의 근본정신은 오랜 역사를 거쳐 오면서 유실된 사료(史料)와 각 씨족별로 나타나는 복잡하고 많은 이설(異說) 등의 다양한 견해(見解)를 모두 반영하기 보다는 자라나는 어린 후손들에게 보다 쉽고 친근하게 선조의 씨족사를 이야기하고 선조의 발자취를 보여줌으로써 자긍심을 키우고 미래를 밝혀줄 바른 정신을 전하고자 하는데 있음을 밝혀둡니다.

3. 본 서(書)는 각 성씨별, 관향별 종친회(宗親會)와 그 외 각 지파(支派)에서 발간해온 보첩과 자료를 주로 참고하였으며, 일반 서적과 사전류에 수록된 내용들도 발췌 정리하여 엮음으로써 가능한 한 많은 내용을 담도록 노력하였습니다.

4. 수록된 관향의 순서는 가나다순(順)으로 하였으나 편집의 편의상 선후가 바뀔 수도 있음에 양해를 구하며, 인물의 경우 계대를 따르는 것을 원칙으로 하였으나 여의치 않을 경우 대략적인 활동 연대순을 따랐습니다.

5. 각 본관별(本貫別) 내용 구성은 먼저 주요 선조의 유적 유물 사진을 수록하고, 연원(淵源)과 씨족사(氏族史), 세계(世系)과 행렬(行列) 등을 한눈에 이해하기 쉽게 정리하고, 그리고 역대 주요 명현(名賢)의 생애와 업적을 이해하기 쉬운 약전(略傳) 형식으로 수록하였습니다.

6. 수록한 내용과 인물들은 삼국유사 《三國遺事》,삼국사기 《三國史記》,고려사 《高麗史》,조선왕조실록 《朝鮮王朝實錄》,고려공신전 《高麗功臣傳》,국조방목 《國朝榜目》 등의 일반 사료(史料)의 기록을 기반으로 하여 각 성씨별 문중(門中)에서 발행한의 보첩에 나타나 있는 명현(名賢)을 망라하였으나 자료의 미비로 부득이 누락된 분들은 다음 기회에 보완 개정하고자 합니다.

경주김씨 慶州金氏

경주김씨(慶州金氏)의 기원(起源)

김씨득성연원(金氏得姓淵源)

-김알지 신화(金閼智 神話)

김알지 신화는 고려 인종23년(1145) 김부식(金富軾)이 편찬한 <삼국사기(三國史記)>의 신라본기(新羅本紀) <탈해이사금조(脫解尼師今條)>와 미추이사금조(味鄒尼師今條)에 김알지의 탄생설화가 있으며 고려후기 충렬왕 7년(1281) 일연(一然)이 편찬한 <삼국유사(三國遺事)>의 기이(紀異) <김알지탈해왕대 (金閼智脫解王代) 條에 김알지의 탄생설화가 있다.

위 두 고서(古書)에서는 김알지(金閼智)의 탄생설화에 대해 부분적으로 조금 다르게 기술(記述)하고 있는데, 그 내용은 다음과 같다.

<삼국사기(三國史記)>의 신라본기(新羅本紀) <탈해이사금조(脫解尼師今條)>에서는 '탈해왕(脫解王) 9년 3월에 왕이 밤중에 금성(金城) 서쪽 시림(始林) 숲속에서 닭이 우는 소리를 듣고, 날이 밝자 호공(瓠公)을 보내어 이를 살펴보도록 하였다.

호공이 시림에 다다라 보니, 금빛의 작은 궤짝이 나뭇가지에 달려 있고 흰 닭이 그 아래서 울고 있었다. 이 사실을 듣고 왕은 궤짝을 가져오게 하여 열어 보니 조그마한 사내아이가 그 속에 들어 있었는데, 용모가 기이하게 뛰어났다.

왕은 기뻐하며 하늘이 그에게 아들을 내려 보낸 것이라 하여 거두어 길렀으니, 그 아이는 자라감에 따라 총명하고 지략이 뛰어나서 그 이름을 알지(閼智)라 하였다. 또, 금빛 궤짝에서 나옴을 연유로 하여 성을 김(金)씨라 부르고, 처음 발견되었던 장소인 시림을 고쳐 계림(鷄林)이라 이름하고, 이로써 국호(國號)를 삼았다.' 라고 적고 있다.

미추이사금조(味鄒尼師今條)에서는 왕의 선조 알지는 계림에서 나왔는데 탈해왕이 거두어 궁중에서 길러 뒤에 대보(大

輔)로 임명하였다. 알지가 세한(勢漢)을 낳고 세한이 아도(阿道)를 낳고 아도가 수류(首留)를 낳고 수류가 욱보(郁甫)를 낳고 욱보가 구도(仇道)를 낳았으니 구도는 곧 미추의 아버지이다. 첨해에게 아들이 없으므로 나라 사람들이 미추를 왕으로 세우니 이것이 김씨가 나라를 차지한 처음이었다. 라고 하였다.

그러나 해동금석원과 추사김정희의 해동비고에 있는 문무왕비문에 문무왕의 15대조를 성한왕(星漢王)이라 하였고 문무왕의 아우인 김인문의 비문에도 태조는 성한왕이라 하였으며 문무왕의 9대손인 흥덕왕 비편에도 태조 성한왕이 흥덕왕의 24대조라 하였다.

또한 신라김씨가 소호금천씨의 후손이라는 기록이 신라 태종무열왕(김춘추)의 아들인 金仁問의 묘비문에 있으며 삼국사기를 지은 김부식(金富軾)은 "신라고사(新羅古事)에 금궤(金櫃)가 하늘에서 내려와서 金氏로 姓을 삼았다는 말은 믿기 어렵다. 신라인은 스스로 소호금천씨(少昊金天氏)의 후손(後孫)이라고 하였다. 그러므로 성을 김씨라고 한 것이다"

라고 했으며 김유신의 비문에도 "김유신이 헌원지예(軒轅之裔)요 소호지윤(少昊之胤)이라"고 하였으며 "남가야 시조 수로(南伽倻 始祖 首露)는 신라(新羅)와 同姓"이라고 하였다. 또 김부식은 "김유신은 왕경인(王京人)이다. 12代祖인 수로(首露)는 하허인(何許人)인지 알 수 없다. 후한 건무(後漢 建武) 18년 壬寅(AD 42)에 구지봉(龜旨峰)에 올라 가락9촌(駕洛九村)을 바라보고 그 땅에 개국(開國)하여 국호를 가야(伽耶)라 했다" 고 하였다.

점필제 김종직은 "김알지가 금궤에서 나왔으므로 성을 김씨라 하였으며 혹은 스스로 소호금천의 후손이라고 하였다" 고 했으며 "신라고지(新羅古誌)에 이르기를 김알지도 금관국 수로왕의 후요 소호금천의 후손이므로 성을 김씨라고 하였다" 고 하였다.

문정창(文定昌)씨는 그의 저서 <伽倻史>에서 "동방의 김씨는 모두 소호금천씨의 후손이요 金日제의 후손이라고 하였다. 그에 의하면 "김유신은 김수로왕 후손인데 그 묘비문에 "소호지윤 칙남가야시조 수로여신라 동성야(少昊之胤 則南伽

卿始祖 首露與新羅 同姓也)"라 하였으며

김수로왕의 외손인 문무왕의 능비문에 "지재생 - - - 후 제천지윤 전7엽(枝載生 - - - 侯 祭天之胤 傳七葉)"이라 했으니 후(侯)자 앞에는 투자가 있었을 것이니 곧 투후 김일제의 후손은 7대에 걸쳐 영화를 누렸다는 뜻이다. 김알지는 김수로보다 24년 뒤에 낳았으니 그 일족일 것이다" 라고 하였다.

삼국통일을 완수한 신라 30대왕 김법민(金法敏), 즉 문무왕(文武王)의 능비(陵碑) 파편이 있는데 이 비문 중에 "그 신령스러운 근원은 멀리서부터 내려와 화관지후(火官之后)에 창성한 터전을 이었고侯 祭天之胤(투후 제천지윤)이 7대를 전하여…" 하였으며 "15대조 성한왕(星漢王)은 그 바탕이 하늘에서 내리고, 그 영(靈)이 선악(仙岳)에서 나왔다" 고 하였다.

侯 祭天之胤傳七葉」에서 (투)侯는 한무제(漢武帝)가 흉노와 싸울 때 청년 장군 곽거병(郭去病)에게 포로가 되었던 흉노왕 휴도(休屠)의 아들 金日제를 가리킨다.

金日제와 그 후손들의 생애는 전한서(前漢書)와 열전(列傳)에 있고 중국 서안(中國 西安)에 김일제(金日제)의 무덤이 있는바 실체가 분명한 김일제(金日제)를 문무왕의 비문에 『우리 조상이다』 고 기록하고 있다. 소호금천씨의 후손은 제천금인(祭天金人) 즉 金으로 사람을 만들어 놓고 하늘에 제사를 지내는 풍습이 있었는데 그 후손 김일제 일족이 漢나라에서 영달하더니 김왕망(金王莽)이 쿠데타로 한(漢)을 멸하고 신국(新國)을 세웠다가 17년 뒤 유수(劉秀)에게 패망하였다.(서기 25년)

이에 그 일족의 일부가 김해지방으로 왔고 김해에 정착한 김수로왕의 부친은 김해군 장유면 태정리 부근에 살면서 김수로왕을 비롯한 6형제 아들을 낳았다고 추찰된다. (김수로는 서기 42년에 출생) 태정리 부근 태봉(胎峰)에는 태대(胎臺)가 있는데 이것은 김수로왕의 태(胎)를 묻은 곳이라 한다 .김해 회현리 패총에서 발견된 중국 왕망시대의 화천(貨泉)은 김수로왕의 선친 또는 김수로왕 자신이 왕망의 신제국(新帝國) 출신이라는 사실을 증명해 주는 방증(傍證)이 될 수 있다. 또 김해부근 다호리에서 출토된 붓과 중국화폐인 오수전(五銖錢)등도 그 방증이 된다. 김수로왕의 이름이 청예(靑裔)인 것은 소호의 후손임을 암시한다. 소호금천씨의 호가 청양

(靑陽)이기 때문이다.

또 김수로왕과 허황후의 존호(尊號)가 보주황태왕(普州皇太王)과, 보주황태후(普州皇太后)인 점은 중국의 보주(普州)와 어떤 연관(聯關)이 있기 때문일 것이다. 한경(漢鏡), 용봉환두대도(龍鳳環頭大刀)등이 유적지에서 발굴되고 있는 점, 그리고 은(殷)나라 사람들 처럼 좌지왕때 복사(卜師)가 점을 쳐서 괘사(卦辭)를 얻은 점 등은 연관을 암시해 준다고 하겠다.

대보공휘알지탄강계림유허비명(大輔公諱閼智誕降鷄林遺墟碑銘)

신라(新羅)에 사기(史記)가 없다하나 사기(史記)가 없는 것이 아니라 세상 사람이 역사를 읽지 않는 까닭이다. 신라가 박(朴), 석(昔), 김(金) 삼성(三姓)이 나라를 세운 것이 천년(千年)이 되었고 계림(鷄林)은 알지(閼智)가 탄생(誕生)한 땅이니 지금 영남(嶺南)지방(地方)인 경주부(慶州府)에 속한다. 세상에서 김(金)으로 성(姓)을 삼은 사람은 모두 다 알지(閼智)로 시조(始祖)를 삼는데, 나라 동쪽 사람이 지금까지 그 땅을 전하되 그 세대와 연혁이 역사책에 기재된 것은 혹 상세치 아니하나 이제 그 비문을 자료로 하여 대략 알게 된 것이다.

처음 탈해왕(脫解王) 시대에 시림(始林)에서 닭이 우는 소리를 듣고 금궤를 얻어 열어보니 어린아이가 있으므로 왕(王) 거두어 양육(養育)하니 이름은 알지(閼智)라 하고 성은 김씨(金氏)라 하며, 그 수풀을 이름하여 계림(鷄林)으로 고치었다. 7세손(七世孫) 미추(味鄒)에 이르러 조분왕(助賁王)의 사위가 되었는데 첨해왕(沾解王) 아들이 없어서 미추(味鄒)가 대를 이어 왕이 되어 이사금이라 칭호(稱號)하였다.

미추(味鄒)로부터 내물(奈勿)과 실성(實聖)을 지나 눌지(訥祇)에 이르러 이사금을 마립간(麻立干)으로 칭호(稱號)하고 백성을 가르치고 의복제도와 우차(牛車)의 사용법을 가르치었다. 눌지(訥祇)가 훙(薨)(왕 제후의 서거(逝去)를 말함)하고 아들인 자비(慈悲)가 마립간이 되었다.

자비(慈悲)가 죽고 아들 소지(炤智)가 마립간이 되어 시장(市場)을 개설(開設)하고 전방(지금의 상점)을 열어 사방(四方)의 물화(物貨)가 서로 통하게 하였다.

소지(炤智)가 죽고 아들 지증(智證)이 마립간이 되어 사람의 순장(殉葬)(죽은 사람을 위하여 살아있는 사람을 따라 매장시킴)을 금하고 주(州).군(郡)에 명(命)하여 농사(農事)를 권장(勸奬)하고 비로소 소를 사용하여 전답(田畓)을 갈게 하고 국호(國號)를 신라(新羅)로 정(定)하고 방어(方語)인 이사금, 마립간(麻立干)을 고치어 왕(王)이라 호칭하게 하였고, 상복(喪服)을 제정하였다. 왕이 죽으니 시호(諡號)를 지증(智證)이라 하니 시법(諡法)(사후에 정하는 호)이 이때부터 시행(施行) 되었다.

지증왕(智證王)의 아들 법흥왕(法興王)이 법률을 반포하고 백관(百官)의 공복(公服)을 제정하였고, 연호(年號)를 건원(建元)이라 하였다.

진흥왕(眞興王)과 진지(眞智)를 지나 진평왕(眞平王)에 이르러 아들이 없어서 선덕(善德)여주(女主)가 왕위(王位)에 나아가 귀족(貴族)의 자제(子弟)를 당(唐)나라에 보내어 국학(國學) 세우기를 청하였다.

선덕(善德)여주(女主)가 죽고 진덕(眞德)여주(女主)가 즉위하니 진평왕(眞平王)의 모제(母弟:외숙)인 국반(菊半)의 딸이다. 처음으로 당(唐)나라의 제도를 모방하고 관복(官服)을 만들었고 사신(使臣)을 당(唐)나라에 보내어 백제(百濟)를 파(破)할 것을 보고(報告)하였으며, 왕이 스스로 태평송(太平

頌)을 지어 비단문의로 짜서 당(唐) 고종(高宗)에게 드리니 칭찬하였으며 중국의 연호를 비로소 행하였다.

진덕(眞德)이 죽고 태종(太宗) 무열왕(武烈王)이 왕위에 나가니 진지왕(眞智王)의 손자(孫子)로 당장(唐將) 소정방(蘇定方)과 함께 백제(百濟)를 멸(滅)하였다. 무열왕(武烈王)이 죽고 아들 문무왕(文武王)이 즉위하여 부녀자(婦女子)에게 명령(命令)하여 중국(中國)의 의상(衣裳)(저고리 치마)를 입게 하고 당나라 군사와 함께 고구려(高句麗)를 멸(滅)하였으며, 역법(曆法)(월력 또는 일력의 법)을 반포하고 모든 관인(官印)을 주조(鑄造)하였으며, 문무왕(文武王)이 죽고 아들 신문왕(神文王)이 즉위하여 사신을 당나라에 들어보내 예전(禮典)과 사장(詞章)을 청하니 칙천황후(則天皇后)가 명령하여 길흉요례(吉凶要禮)와 문사(文詞)가 규칙(規則)에 합치(合致)되는 것 50여권을 부지런히 만들어서 주었다.

신문왕(神文王)으로부터 효소왕(孝昭王)을 지나 성덕왕(聖德王)에 이르러 비로소 누각(漏刻)(물시계)을 만들었고, 효성왕(孝成王)을 지나 경덕왕(景德王), 혜공왕(惠恭王)을 거쳐 선덕왕(宣德王)을 지나 원성왕(元聖王)에 이르러 독서출신과(讀書出身科)(글을 읽어야 벼슬을 할 수 있는 법)을 정하고, 원성왕(元聖王)으로부터 소성왕(昭聖王), 애장왕(哀莊王), 희강왕(僖康王), 민애왕(閔哀王), 신무왕(神武王), 문성왕(文聖王), 헌안왕(憲安王),경문왕(景文王),헌강왕(憲康王),정강왕(定康王), 진성왕(眞聖王), 효공왕(孝恭王)을 지나 경순왕(敬順王)에 이르러서는 나라를 고려(高麗)에 넘겨주는데, 왕자(王子)가 불가(不可)하다 하니 왕(王)이 이르시기를 "과인(寡人:내가)이 외롭고 위태하여 지탱할 수 없으니 죄 없는 백성을 비참하게 죽게 함을 내 차마 못하리라"하시고, 시낭(侍郎) 김봉휴(金封休)를 고려(高麗)에 보내서 글을 올리어, 신(臣)이라고 칭하여 국조(나라의 지위) 드디어 끊어지니 김씨가 38세(三十八世)로 626년이다. 대개 박씨, 석씨를 계승하여 왕위에 오른 후 나라를 누림이 가장 길었으니 예악(禮樂)과 문물(文物)이 이로부터 차차 일어났고, 신라로부터 비로소 당나라와 서로 우호국이 됨에 중국(中國)의 사관(史官)의 법(法)이 마련함이 이미 오래 되었으나 동국(東國:우리나라)이 떨어지고 고루하여 사적은 많으나 문장(文章)이 없어서 전하지 못한 것이 많더니 고려(高麗)의 김부식(金富軾)이 신라사(新羅史)를 편찬하는데, 그 글이 대략 갖추었으되 학자(學者)가 동사(東史)를 전문적(專門的)으로 다루지 않았고, 또는 그 판본(板本)이 오래되어 훼손(毁損)되었으므로 세상에 남아 있는 것이 얼마 없으니 군자(君子)가 매우 두려워하던 바, 공철(公轍)이 경상감사로 영남(嶺南)을 안찰(按察)할 때에 참봉(參奉) 김성걸(金成杰)이 경주(慶州)에 와서 계림(鷄林)의 기적(紀績)의 글을 청하니 잘하는 일이로다.

근본(根本)을 추앙함을 멀리하니 땅은 진실로 전해 졌으되 일이 땅보다 더 큰 것이 있으니 어찌 글을 쓰지 않으리오! 공자(孔子)께서 주(周)나라에서 탄생(誕生)하시었으되, 구(丘:나)는 은(殷)나라 사람이라 하여 스스로 미자(微子)의 자손(子孫)이라 하시고, 또 말씀하시기를 "하(夏)나라의 예(禮)는 내가 잘 말하겠으나 기(杞 : 주나라 시대의 국명, 하나라 우왕의 자손의 영토는 현금의 기현:杞縣)나라는 족히 고증(考證)을 하지 못하며 은나라의 예는 능히 말할 수 있으나 송(미자가 세운 나라로써 하남성 남구현)나라는 족히 고증(考證)치 못하는 것은 문헌(文獻)이 부족한 때문이다."라 하셨으니 이제 김씨(金氏)가 사방(四方)에 흩어져 사는 것이

무려 천백(千百)집이 되나 모두 신라(新羅)로 조상(祖上)을 삼으니, 공자의 은나라와 다른 것이 없다. 어찌 하은(夏殷)의 예(禮)가 기송(杞宋)의 문헌의 고증(考證)이 못되는 것만을 탓할까? 뒤에 이 비문(碑文)을 잘 읽으면서 거의 사기(史記)에 빠진 것을 보충(補充) 함이 있으리라. 명(銘)에 이르기를 울창한 저 계림(鷄林)은 왕업(王業)을 일으킨 터전이로다. 누가 감히 존경하지 않을까? 나의 이 명문(銘文)을!

병서 순묘 계해 이월 입(幷序 純廟 癸亥 二月 立)

가의대부경상도관찰사겸병마수군절도사대순찰사대구도호부사 규장각직제학지제교남공철 찬(嘉義大夫慶尚道觀察使兼兵馬水軍節度使大巡察使大邱都護府使奎章閣直提學知製敎南公轍 撰)

계림비각기(鷄林碑閣記)

옛 신라국 월성 아름다운 숲속에 비각이 우뚝 솟아 있는데 사방팔면이 우아하고 아름다움은 이를 데가 없다.

그 안에는 3자 크기의 작은 빗돌이 세워져 있다. 빗돌에는 전자체로 " 계림 김씨가 탄생한 유허지"라고 새겨져 았다. 이곳은 계림이고 비각 북쪽에는 옛부터 한 표석이 전해 내려 오고 있으며 계림김씨의 시조가 탄강한 곳이 이곳이라는 사실에 접하여 사적을 찾는 이들에게는 금궤 위에서 닭이 울던 곳을 상상 볼 만한 일이다.

아! 천지간에 융롱한 정기가 어려 형상을 이룬 것이 태초에 사람이 생기는 길이라 하였건만 이같이 닭이 곁에서 홰를 치며 울어 사람에게 알린 것은 또한 무슨 까닭인가, 닭은 축시에 우는데 축시는 곧 동이 틀 때다.

박씨, 석씨 114년을 다스려 나라의 기틀이 정해졌고, 김씨가 나라를 이어받아 38왕에 문물이 점점 갖추어짐으로써 동방이 밝아오니 이것은 하늘이 진인을 내려보내 인물을 밝히고져 신계를 놓아 그 징조를 알림이 아니냐!

김씨는 알지로 시조를 삼는데 알지는 을축년에 탄강했으니 이 또한 이상한 일이다. 을축년으로부터 성조 임술년 1828년간에 소슬한 옛 자취가 어제인 듯 완연하니 김씨가 이곳을 지날 때 주(周)의 평림과 한(漢)의 대택(大澤)같이 사모하고 공경하여 생민을 위해 마련한 자취가 소멸될까 염려하여 의논끝에 재물을 모아 빗돌을 세워 연유를 기록하니 그 감회가 더욱 깊도다.

우리 대왕 대비는 요순같은 임금으로 주렴을 느리고 정사를 듣고 보살펴 억만년 종사를 굳혔고 신성한 왕손이 또한 을축년에 탄강해서 여러 해 뒤에 보갑을 마쳤으니 위로 따져보면 시조의 생년이 30년 을축이다.

금궤의 상서를 알린 것이 을축이니 동국에 정숙한 기운이 이 터에 나타나 종종 징험함이 나타나니 마땅이 김씨가 서로

보존해서 오늘에 이른 것은 하늘과 뜻이 함께 한 때문이 아닌가!

그 명을 지은이는 순창공 남철이요, 그 명을 쓴이는 부윤 최헌충이요, 전자를 쓴 이는 족손 단양군수 김희주요, 명과 글을 감독한 이는 전참봉 성걸이었다. 성걸이 이르되 " 비석에 각이 없으면 비바람에 마멸될 염려가 있다"하여 이에 참봉 창적과 전참봉 택려와 사인 영규가 힘을 모아 임술년 10월에 시작하여 이듬해 봄에 준공하였으니 모두가 조상을 빛내는 보람찬 일이다.

이에 위해서 기문을 적는다.

신라국(新羅國) 건치연혁

新羅本 三韓時辰韓之地 前漢宣帝五鳳元年甲子 始祖朴赫居世開國建都 國號徐那伐(一云 徐羅伐,徐耶伐,徐伐) 其後或稱斯羅

신라본 삼한시진한지지 전한선제오봉원년갑자 시조박혁거세개국건도 국호서나벌(일운 서라벌,서야벌,서벌) 기후혹칭사라

或稱斯盧 後稱新羅 脫解王九年乙丑 始林有鷄怪更名鷄林 因以爲國號 基臨王十年丁卯 復號新羅 智證王四年癸未

혹칭사로후칭신라 탈해왕구년을축 시림유계괴경명계림 인이위국호 기림왕십년정묘 복호신라 지증왕사년계미

定爲新羅 高麗太祖十八年乙未 敬順王金傅來降國除爲慶州 成宗改爲東京 忠烈王改鷄林府 本朝因爲 太宗朝復慶州舊號

정위신라 고려태조십팔년을미 경순왕김부래항국제위경주 성종개위동경 충렬왕개계림부 본조인위 태종조복경주구호

신라는 본디 삼한(三韓) 시대에 진한(辰韓)의 땅이었는데,

서기전 57년(前漢 宣帝 五鳳元年) 갑자에 신라국 시조 박혁거세가 나라를 열어 여기에 도읍을 세우고 국호를 서나벌(徐那伐)<한편 서라벌(徐羅伐) 서야벌(徐耶伐) 서벌(徐伐)이라고도 함>이라 하였다.

그 후 혹은 「사라(斯羅) 또는 「사로(斯盧)」라 칭하기도 하다가 뒤에 「신라(新羅)」라 하였고, 서기65년(脫解尼師今九年) 乙丑에 시림(始林)에서 닭의 괴변이 있어 시림을 계림(鷄林)으로 이름을 바꾸고 이로 인하여 국호(國號)를 삼았다. 서기 307년 (基臨尼師今 十年) 丁卯에 국호를 「신라」로 돌리고 서기 503년(智證麻立干 四年) 계미에 국호를 「신라」로 확정하게 되었다.

서기 935년(高麗太祖十八年) 을미에 경순왕 김부(金傅)가 나라를 버리고 고려에 항복함으로써 「경주(慶州)」라 하였고, 성종(成宗)이 「동경부(東京府)」로 개칭하고 충렬왕(忠烈王)이 「계림부(鷄林府)」로 바꾸었는데 조선조(朝鮮朝)에 들어와서 태종(太宗)때에 다시 옛 이름인 「경주(慶州)」로 하였다. <신증 동국여지승람 권21에 보임>

경주김씨(慶州金氏) 분파도(分派圖)

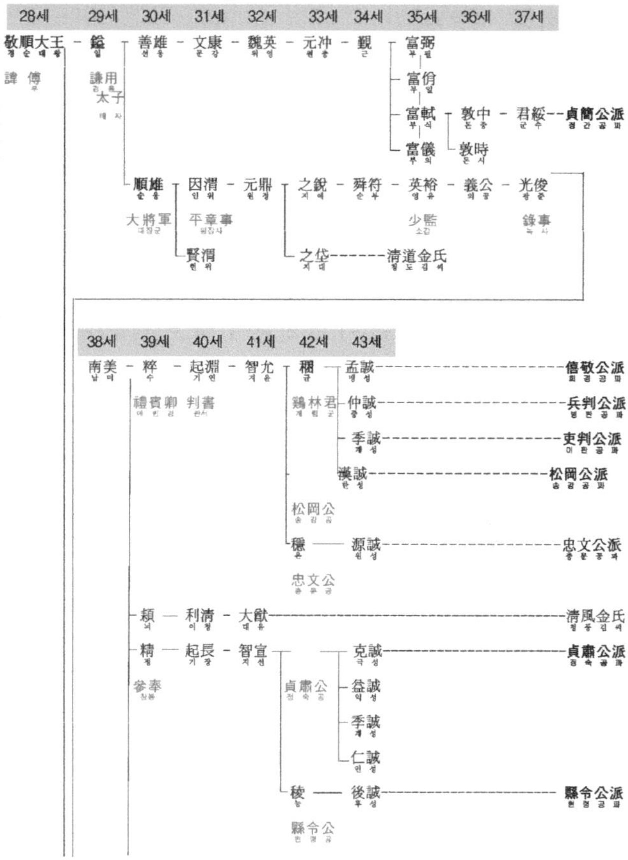

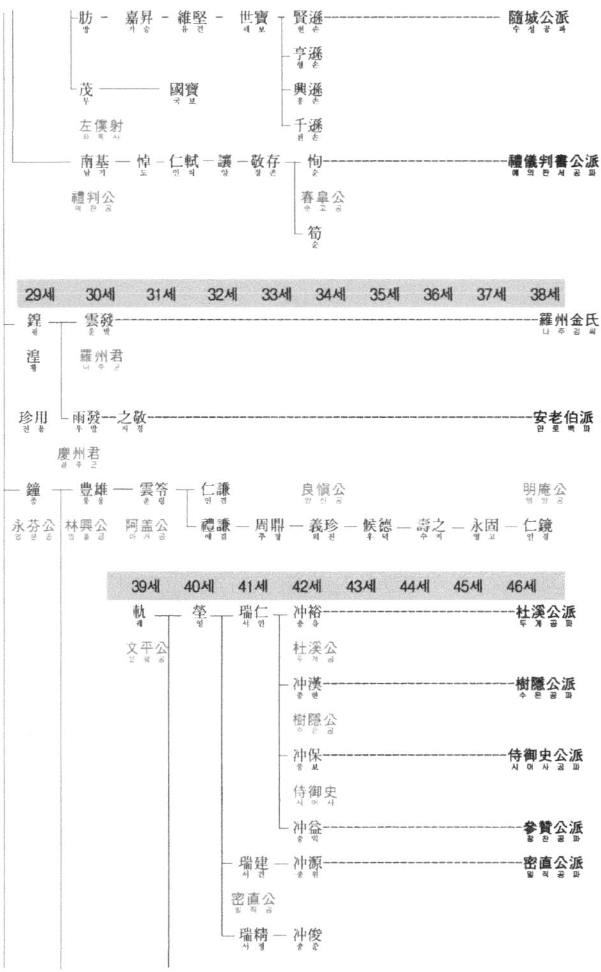
昉 - 嘉昇 - 維堅 - 世寶 - 賢遜 ---- 隨城公派
亨遜
茂 - 國寶
興遜
左僕射
千遜
南基 - 悼 - 仁軾 - 讓 - 敬存 - 恂 ---- 禮儀判書公派
禮判公
春皐公
筍
29세 30세 31세 32세 33세 34세 35세 36세 37세 38세
鍠 - 雲發 ---- 羅州金氏
湟
羅州君
珍用
雨發 - 之敬 ---- 安老伯派
慶州君
鐘 - 豊雄 - 雲答 - 仁謙
良愼公
明庵公
永芬公
林興公
阿蓋公
禮謙 - 周鼎 - 義珍 - 候德 - 壽之 - 永固 - 仁鏡
39세 40세 41세 42세 43세 44세 45세 46세
軌 - 瑩 - 瑞仁 - 冲裕 ---- 杜溪公派
文平公
杜溪公
冲漢 ---- 樹隱公派
樹隱公
冲保 ---- 侍御史公派
侍御史
冲益 ---- 參贊公派
瑞建 - 冲源 ---- 密直公派
密直公
瑞精 - 冲俊

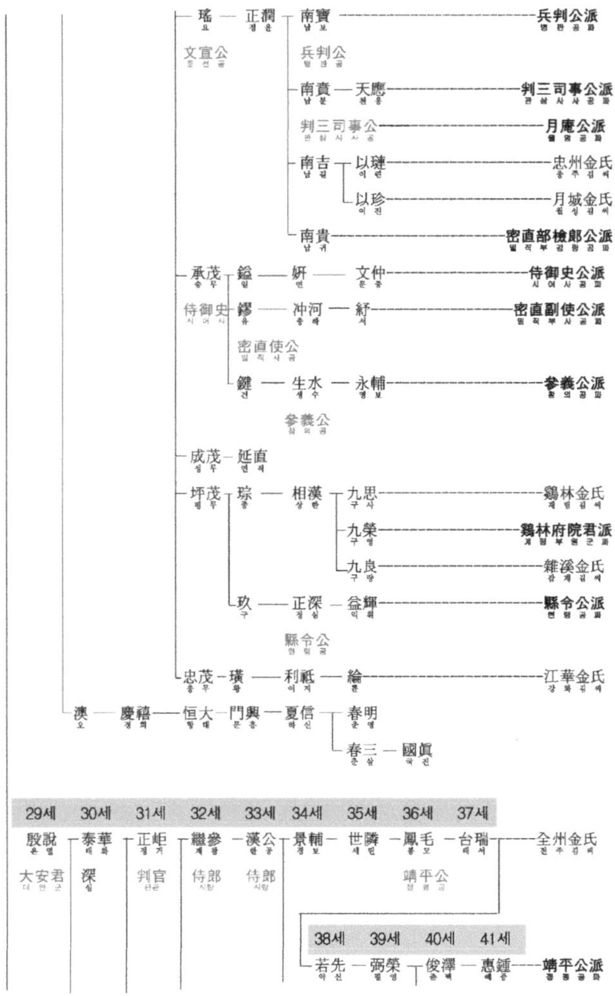
瑤 — 正潤 — 南寶 — 兵判公派
文宣公
兵判公
南賁 — 天應 — 判三司事公派
判三司事公 — 月庵公派
南吉 — 以璉 — 忠州金氏
以珍 — 月城金氏
南貴 — 密直部檢郎公派
承茂 — 鎰 — 妍 — 文仲 — 侍御史公派
侍御史
鏐 — 冲河 — 紓 — 密直副使公派
密直使公
鍵 — 生水 — 永輔 — 參義公派
參義公
成茂 — 延直
坪茂 — 琮 — 相漢 — 九思 — 鷄林金氏
九榮 — 鷄林府院君派
九良 — 雜溪金氏
玖 — 正深 — 益輝 — 縣令公派
縣令公
忠茂 — 璜 — 利祇 — 綸 — 江華金氏
澳 — 慶禧 — 恒大 — 門興 — 夏信 — 春明
春三 — 國眞
29세 30세 31세 32세 33세 34세 35세 36세 37세
殷說 — 泰華 — 正柜 — 繼參 — 漢公 — 景輔 — 世麟 — 鳳毛 — 台瑞 — 全州金氏
大安君 深 判官 侍郎 侍郎 靖平公
38세 39세 40세 41세
若先 — 弼榮 — 俊澤 — 惠鍾 — 靖平公派

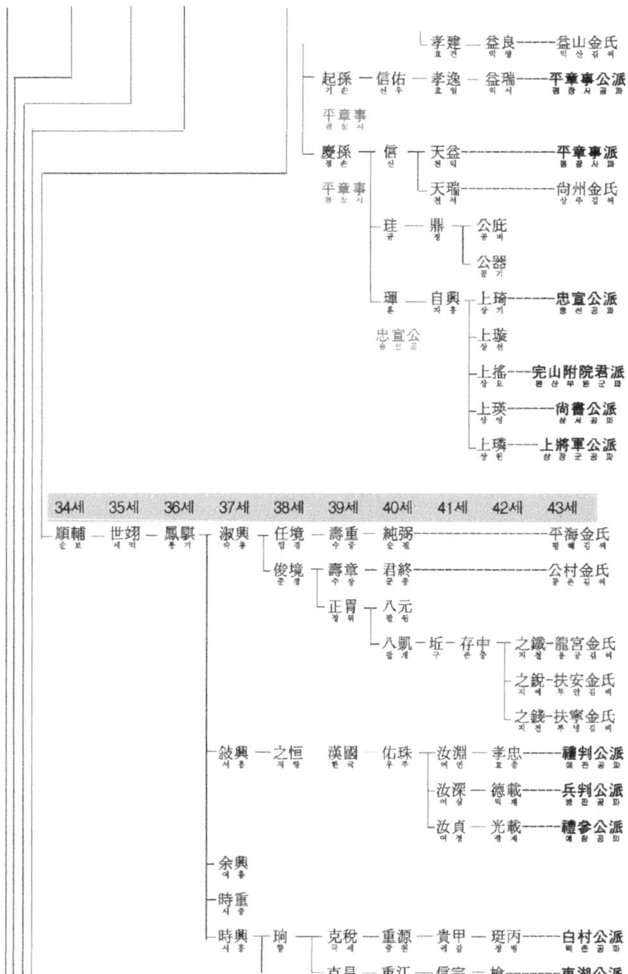
孝建 효건 — 益良 익량 —— 益山金氏 익산김씨
起孫 기손 — 信佑 신우 — 孝逸 효일 — 益瑞 익서 —— 平章事公派 평장사공파
平章事 평장사
慶孫 경손 — 信 신 — 天益 천익 —— 平章事派 평장사파
天瑞 천서 —— 尙州金氏 상주김씨
平章事 평장사
珪 규 — 鼎 정 — 公庇 공비
公器 공기
琿 혼 — 自興 자흥 — 上琦 상기 —— 忠宣公派 충선공파
忠宣公 충선공
上璇 상선
上搖 상요 —— 完山附院君派 완산부원군파
上瑛 상영 —— 尙書公派 상서공파
上璘 상린 —— 上將軍公派 상장군공파
34세 35세 36세 37세 38세 39세 40세 41세 42세 43세
順輔 순보 — 世翊 세익 — 鳳騏 봉기 — 淑興 숙흥 — 任境 임경 — 壽重 수중 — 純弼 순필 —— 平海金氏 평해김씨
俊境 준경 — 壽章 수장 — 君終 군종 —— 公村金氏 공촌김씨
正胃 정위 — 八元 팔원
八凱 팔개 — 垢 구 — 存中 존중 — 之鐵 지철 - 龍宮金氏 용궁김씨
之銳 지예 - 扶安金氏 부안김씨
之錢 지전 - 扶寧金氏 부녕김씨
敍興 서흥 — 之恒 지항 — 漢國 한국 — 佑珠 우주 — 汝淵 여연 — 孝忠 효충 —— 禮判公派 예판공파
汝深 여심 — 德載 덕재 —— 兵判公派 병판공파
汝貞 여정 — 光載 광재 —— 禮參公派 예참공파
余興 여흥
時重 시중
時興 시흥 — 珦 향 — 克稅 극세 — 重源 중원 — 貴甲 귀갑 — 珽丙 정병 —— 白村公派 백촌공파
克昌 극창 — 重江 중강 — 信完 신완 — 槍 창 —— 車湖公派 차호공파

경주김씨(慶州金氏)

珣(순) — 克柱(극주) — 重俊(중준) — 文齊(문제) — 鎰成(일성) — 益和君派(익화군파)

文熙(문희) — 鎰漢(일한) — 尙書公派(상서공파)

32세	33세	34세	35세	36세	37세	38세	39세	40세
繼尹(계윤)	良儉(양검)	仁琯(인관)	則麗(칙려)	匹勻(필균)	貞裕(정유)	宗誠(종성)	裔(예)	英伯(영백)
判官(판관)	大卿(대경)	太師(태사)	殿中(전중)	主簿(주부)	判官(판관)	省承(성승)	典書(전서)	副使(부사)

41세	42세	43세

珸(오) 參議(참의) — 子汀(자정) 典書公(전서공) — 典書公派(전서공파)

子粹(자수) 桑村公(상촌공) — 桑村公派(상촌공파)

玳(대) 牧使(목사) — 自恭(자공) — 世漢(세한) 監察(감찰) — 惇(돈) — 愚齋公派(우재공파)

戭(인) — 自英(자영) — 承策(승책) — 遂良(수량) — 松齋公派(송재공파)

31세	32세	33세	34세	35세	36세	37세	38세	39세	40세
重矩(중구)	元概(원개)	之恭(지공)	麗生(이생)	弼孫(필손)	彦輔(언보)	益精(익정)	德立(덕립)	秀(수)	大有(대유)
									將有(장유)

41세	42세	43세	44세	45세	46세	47세	48세	49세	50세

仁臣(인신) — 仲南(중남) — 乙湜(을식) — 金堤公派(김제공파)

寺事(사사) — 舍人公派(사인공파)

莊庵公派(장암공파)

冲庵公派(충암공파)

乙敦(을돈) — 監司公派(감사공파)

- 監司(감사)
- 乙塘(을당) ---- 高靈直長公派(고령직장공파)
- 直長(직장)
- 乙貴(을귀) ---- 判書公派(판서공파)
- 判書(판서)
- 仲孫(중손) — 元器(원기) ---- 參議公派(참의공파)
- 參議(참의)

30세	31세	32세

- 淑(숙) ---- 安東金氏(안동김씨)
- 溓(렴) ---- 永興金氏(영흥김씨)
- 湯(탕)
- 衍(연)

29세	30세	31세

- 錫(석) ---- 義城金氏(의성김씨)
- 義城君(의성군)
- 鍵(건) ---- 江陵金氏(강릉김씨)
- 江陵君(강릉군)
- 鐥(선) ---- 彦陽金氏(언양김씨)
- 錘(추)
- 三陟君(삼척군)
- 德摯(덕지)
- 鶴城君(학성군)
- 女(黃瓊)(여 황경)
- 女(李金書)(여 이금서)
- 侍郞(시랑)
- 女(高麗 景宗)獻肅王后(여 고려 경종 헌숙왕후)

경주김씨(慶州金氏) 각 파별 분파(分派)와 약사(略史)

- 경순왕(敬順王)은 신라 56대왕으로 신라의 마지막 임금이고 김씨왕으로서 38대 왕이다. 아들이 아홉이며 딸이 셋이다.

○첫째 아들(長男)의 이름은 일(鎰)이다.이 분은 후일 마의태자(麻衣太子)로 불리신 분이다.

마의태자께서는 손국 당시 망국의 한을 품고 경기도 양평군 용문산으로 들어가 주야로 조국을 걱정하며 꿈에도 잊지 못하던 끝에 문득 은행나무 한 그루를 용문사 경내 에 기념으로 심으시고 금강산으로 들어가셨다.

은행나무는 그 후 무럭무럭 자라서 천년이 지나 오늘날까지 하나도 노고함이 없이 독야청청 무성하다. 이 은행나무는 동양에서 가장 오래된 것이고 가장 큰 것으로 우리나라의 천

연기념물 제 33호(제 33호)로 지정 보존되고 있다.

마의태자의 5세손 이름 춘(春), 이 분이 고려 선종 때 부안부원군(扶安府院君)으로 봉해져 일(鎰)을 1세로 하여 부안김씨(扶安金氏)의 관시조(貫始祖)가 되셨다.

○ 둘째 아들(次男)이름은 황(煌)왕자이다.

신자를 고려에 손국함에 따라 애국충절을 고수하여 처자를 버리시고 머리를 깎고 중이 되어 합천 해인사에 들어가 불문에 귀의하였으며 佛名(불명)은 법공스님이다.법공의 아들 이름은 운발(雲發)이다.

○ 셋째 아들(三男)의 이름은 명종(鳴鍾) 왕자(王子)이다.

고려에서 경주군으로 봉하고 영분공(永芬公)의 시호를 받으셨으며, 이분이 경주김씨(慶州金氏) 영분공파(永芬公派)의 관시조(貫始祖)이시다.

○ 넷째 아들(四男)의 이름은 은열(殷說)이다.

벼슬을 시중시랑평장사로 대안군(大安君)으로 봉하였다.

고려 왕건의 장녀(長女) 낙랑공주의 맏아드님이다. 이분이 경주김씨(慶州金氏) 대안군파(大安君派)의 관시조(貫始祖)이시다.

○ 다섯째 아들(五男) 이름은 석(錫)이다.

벼슬은 시중이 되시고 뒤에 의성군(義城君)으로 봉하여졌다.

이분이 의성김씨(義城金氏)의 관시조(貫始祖)가 되었다.

○ 여섯째 아들(六男)은 이름이 건(鍵)이며 벼슬은 시랑(侍郎)에 오르고 강릉군으로 봉하여졌다. 이분이 강릉김씨(江陵金氏)의 관시조(貫始祖)이다.

○ 일곱째 아들(七男)은 이름이 선(鐥)이며 언양군(彦陽君)으로 봉하여졌으며, 언양김씨(彦陽金氏)의 관시조(貫始祖)이다.

○ 여덟째 아들(八男)의 이름은 추(錘)이다.

삼척군(三陟君)으로 봉하여졌으며 삼척김씨(三陟金氏)의 관시조(貫始祖)이다.

○ 아홉째 아들(九男)의 이름은 덕지(德摯)이다.

학성부원군(鶴城府院君)으로 봉하여졌으며 울산김씨(蔚山金氏)의 관시조(貫始祖)이다.

○ 경순왕의 따님

- 첫째딸(長女)은 죽방부인 박씨의 소생이다.
- 둘째딸(次女)은 낙랑공주의 소생으로 장수황씨(長水黃氏) 황경(黃瓊)에게 출가하였다.
- 셋째딸(三女)은 낙랑공주의 소생으로 경주이씨 이금서에게 출가하였으며 이금서는 경주이씨(慶州李氏)의 관시조(貫始祖)이다.

경순왕(敬順王)의 자(子)		시 조	모(母)
1남(一男)	일(鎰)	부안김씨(扶安金氏) 시조	죽방부인 박씨 소생
2남(二男)	황(煌)	나주김씨(羅州金氏) 시조	죽방부인 박씨 소생
3남(三男)	명종(鳴鐘)	경주김씨(慶州金氏) 시조	죽방부인 박씨 소생
4남(四男)	은열(殷說)	경주김씨(慶州金氏) 시조	낙랑공주 왕씨 소생
5남(五男)	석(錫)	의성김씨(義城金氏) 시조	낙랑공주 왕씨 소생
6남(六男)	건(鍵)	강릉김씨(江陵金氏) 시조	낙랑공주 왕씨 소생
7남(七男)	선(鐥)	언양김씨(彦陽金氏) 시조	낙랑공주 왕씨 소생
8남(八男)	추(錘)	삼척김씨(三陟金氏) 시조	낙랑공주 왕씨 소생
9남(九男)	덕지(德摯)	울산김씨(蔚山金氏) 시조	별빈 순흥안씨 소생

경주김씨(慶州金氏)의 분파(分派)

경주김씨(慶州金氏)의 경순왕(敬順王)의 대장군(大將軍) 휘 순웅(順雄), 3남 명종(鳴鐘)과 4남 은열(殷說)로부터 기원되었고 그 후손들이 번성하여 고려 이씨조선에 이르기까지 인물 지역 중심으로 분종되었으나 경주김씨의 파는 대별하여 3계파로 나누어져 분파되어 있다.

가. 대장군공계(大將軍公係) 순웅(順雄)

은열의 후손인 순웅(順雄)을 중시조 1世로 하여 분파되고 알려진 분파수는 19계파로 나누어지고 있다.

나. 영분공계(永芬公係) 명종(鳴鐘)

영분공 휘 명종은 대보공 김알지의 29세손이며 경순왕의 3남이시다. 영분공파는 명종을 시조로 하고 있으며, 영분공파는 명종의 12세손 인경(仁鏡)의 후손으로 분파되고 있다.

현재 알려진 분파수는 57系(계)로 분파되어 있다.

다. 대안군공계(大安君公係) 은열(殷說)

대보공 김알지의 29세손이며 경순왕의 4남이시다. 대안군파는 은열을 시조로 하고 알려진 분파수는 8계파로 나누어져 있다.

경주김씨(慶州金氏) 분파(分派)와 약사(略史)

순웅계(順雄係)

<table>
<tr><th>시 조</th><th></th><th>계 파</th><th colspan="3">중 파</th></tr>
<tr><td rowspan="14">순웅
(順雄)
대장군
1세</td><td rowspan="10">지윤
(智允)
12세</td><td rowspan="8">균(稇)
(계림군)
13세</td><td colspan="3">맹성(孟誠) 14세- 희경공파(僖敬公派)</td></tr>
<tr><td rowspan="5">중성
(仲誠)
(병판
공파)
14세</td><td colspan="2">15세 안민(安民)-감사공파(監司公派)</td></tr>
<tr><td rowspan="2">15세 신민(新民)-
부제학공파
(副提學公派)</td><td>17세 당(璫)-공절
공파(恭節公派)</td></tr>
<tr><td>22세 경여(慶餘)-
송애공파(松崖公
派)</td></tr>
<tr><td colspan="2">15세 인민(仁民)-판윤공파(判尹公派)</td></tr>
<tr><td rowspan="3">계성
(季誠)
(이판
공파)
14세</td><td colspan="2">15세 종순(從舜)-공호공파(恭胡公派)</td></tr>
<tr><td colspan="2">15세 종효(從孝)-첨추공파(僉樞公派)</td></tr>
<tr><td colspan="2">15세 종우(從禹)-진사공파(進士公派)</td></tr>
<tr><td colspan="4">13세 穩-송강공파(松岡公派)</td></tr>
<tr><td colspan="4">13세 온(穩)-충문공파(忠文公派)</td></tr>
<tr><td rowspan="2">지선
(智宣)</td><td colspan="4">13세 榛-정숙공파(貞肅公派)</td></tr>
<tr><td colspan="4">13세 능(稜)-현령공파(縣令公派)</td></tr>
<tr><td></td><td colspan="4">10세 방(昉)-수성백파(隨城伯派)</td></tr>
<tr><td></td><td colspan="4">9세 남기(南基)-예의판서공파(禮義判書公派)</td></tr>
</table>

영분공계(永芬公係)

<table>
<tr><th>시조</th><th>계파</th><th>중파</th><th colspan="2">소파</th></tr>
<tr><td rowspan="13">명종
(鳴鐘)
(永芬公)
1세</td><td rowspan="13">인경
(仁鏡)
명암공
(明庵公)
10세</td><td rowspan="4">영(瑩)
文平公
12세</td><td rowspan="4">서인
(瑞仁)
13세</td><td>14세 충유(沖裕)-두계공파(杜溪公派)</td></tr>
<tr><td>14세 충한(沖漢)-수은공파(樹隱公派)</td></tr>
<tr><td>14세 충보(冲保)-시어사공파(侍御史公派)</td></tr>
<tr><td>14세 충익(冲益)-참찬공파(參贊公派)</td></tr>
<tr><td></td><td>서건
(瑞建)
13세</td><td>14세 충원(冲源)-밀직공파(密直公派)</td></tr>
<tr><td rowspan="3">요(瑤)
文宣公
12세</td><td rowspan="3">정윤
(正潤)
13세</td><td>14세 남보(南寶)-병판공파(兵判公派)</td></tr>
<tr><td>14세 남분(南賁)-판삼사사공파(判三司事公派)</td></tr>
<tr><td>14세 남길(南吉)-평장사공파(平章事公派)</td></tr>
<tr><td rowspan="3">승무
(承茂)
(侍御史公 12세</td><td>일(鎰)
13세</td><td>16세 천서(天瑞)-월성부원군파(月城府院君派)</td></tr>
<tr><td>류(鏐)
13세</td><td>14세 충하(冲河)-강릉공파(江陵公派)</td></tr>
<tr><td>건(鍵)
13세</td><td>14세 생수(生水)-참의공파((參議公派)</td></tr>
<tr><td rowspan="2">평무
(坪茂)
12세</td><td colspan="2">14세 상한(相漢)-평양파(平壤派)</td></tr>
<tr><td colspan="2">14세 정심(正深)-현령공파(縣令公派)</td></tr>
</table>

대안군계(大安君系)

<table>
<tr><th>시 조</th><th>계 파</th><th colspan="4">중·소파</th></tr>
<tr><td rowspan="15">은열
(殷說)
대안군
1세</td><td rowspan="5">9세
태서
(台瑞)
全州金氏</td><td colspan="4">10세 약선(若先)-정평공파(靖平公派)</td></tr>
<tr><td colspan="4">10세 기손(起孫)-평장사공파(平章事公派)</td></tr>
<tr><td rowspan="3">10세 경손(慶孫)-문간공파(文簡公派)</td><td rowspan="3">11세 혼(琿) 충선공(忠宣公派)</td><td colspan="2">13세 상요(上瑤)-완산부원군파(完山府院君派)</td></tr>
<tr><td colspan="2">13세 상영(上瑛)-상서공파(上書公派)</td></tr>
<tr><td colspan="2">13세 상린(上璘)-상장군공파(上將軍公派)</td></tr>
<tr><td rowspan="4">9세
서흥
(敍興)</td><td colspan="4">14세 효충(孝忠)-예판공파(禮判公派)</td></tr>
<tr><td colspan="4">14세 효백(孝伯)-사간공파(司諫公派)</td></tr>
<tr><td colspan="4">14세 덕재(德載)-병판공파(兵判公派)</td></tr>
<tr><td colspan="4">14세 광재(光載)-예참공파(禮參公派)</td></tr>
<tr><td rowspan="4">9세
시흥
(時興)</td><td colspan="4">18세 문기(文起)-백촌공파(白村公派)</td></tr>
<tr><td colspan="4">회(檜)-차호공파(車湖公派)</td></tr>
<tr><td colspan="4">18세 인찬(仁贊)-익화군파(益和君派)</td></tr>
<tr><td colspan="4">14세 일한(鎰漢)-상서공파(尙書公派)</td></tr>
<tr><td rowspan="2">인관(仁琯) 태사공파(太師公派)</td><td rowspan="2">13세
오(珸)
참의공
(參議公)</td><td>14세
자정(子汀)</td><td colspan="2">전서공파(典書公派)</td></tr>
<tr><td>14세 자수</td><td>15세 근</td><td>16세 영년(永年)-판</td></tr>
</table>

경주김씨(慶州金氏)

<table>
<tr><td rowspan="15"></td><td rowspan="6">6세</td><td rowspan="4"></td><td rowspan="4">(自粹)-
상촌공파
(桑村公派)</td><td rowspan="4">(根)
소윤(少尹)</td><td>관공파(判官公派)</td></tr>
<tr><td>16세 영원(永源)-좌랑공파(佐郎公派)</td></tr>
<tr><td>16세 영전(永湔)-사승공파(司丞公派)</td></tr>
<tr><td>16세 영유(永濡)-공평공파(恭平公派)</td></tr>
<tr><td>13세
대(玳)
목사공
(牧使公)</td><td colspan="3">16세 순(淳)-우재공파(愚齋公派)</td></tr>
<tr><td>13세
인(戭)</td><td colspan="3">16세 수량(遂良)-송재공파(松齋公派)</td></tr>
<tr><td rowspan="9">장유
(將有)
판도판서
(版圖判書)
12세</td><td rowspan="9">중남
(仲南)
14세</td><td rowspan="6">을식
(乙湜)
군기사사
(軍器寺事)
15세</td><td rowspan="3">증손
(曾孫)
판관
(判官)
17세</td><td>18세 황(黃)-참교공파(參校公派)</td></tr>
<tr><td>18세 벽(碧)-사직공파(司直公派)</td></tr>
<tr><td>18세 적(赤)-장암공파(壯庵公派)</td></tr>
<tr><td rowspan="3">효정
(孝貞)
정언
(正言)
17세</td><td>18세 광(光)-참봉공파(參奉公派)</td></tr>
<tr><td>18세 정(淨)-충암공파(沖庵公派)</td></tr>
<tr><td>18세 역(易)-참봉공파(參奉公派)</td></tr>
<tr><td colspan="3">15세 을돈(乙敦)- 감사공파(監司公派)</td></tr>
<tr><td colspan="3">15세 을당(乙塘)- 고령파(高靈派)</td></tr>
<tr><td colspan="3">15세 을귀(乙貴)- 판서공파(判書公派)</td></tr>
</table>

호장공파(戶長公派) 약사(略史)

위영(魏英)을 파조(派祖)로 하고, 그의 손자 근(覲)이 학자(學子)로 시문(詩文)에 능해 송(宋)나라까지 이름을 떨쳤다. 또한 그의 아들 부필(富弼) · 부일(富佾) · 부식(富軾) · 부의(富義) 4형제가 모두 관직에 올라 나라에 공헌했다.

첫째 아들 부필(富弼)은 고려 선종(宣宗) 때 과거에 올라 예종(睿宗) 때 병마 판관(兵馬判官)으로 여진 정벌 때 공을 세웠으며, 둘째 아들 부일(富佾)은 보문각 대제(寶文閣待制)를 거쳐 직학사(直學士)에 올라 왕을 비롯하여 보문각 유신들에게 경사(經史)를 강론하여 이름을 떨쳤다.

셋째 아들 부식(富軾)은 현존하는 최초 정사(正史)인 <삼국사기(三國史記)> 50권을 편찬하고 이어, <인종신록(仁宗實錄)>의 편찬을 주재하는 등 이름난 문장가로 송나라에까지 명성을 날렸다. 또한, 그의 아들 돈중(敦中)은 좌승선(左承宣), 돈시(敦時)는 상서우승(尙書右承)을 지냈다.

경순왕(敬順王)(1세)-일(鎰)(2세)-선웅(善雄)(3세)-
문강(文康)(4세)-위영(魏英)(5세)-원충(元冲)(6세)-
관(觀)(7세)--부필(富弼)
부일(富佾)
부식(富軾)--돈중(敦中)-군수(君綏)
돈시(敦時)
부의(富儀)

대장군공계(大將軍公係)

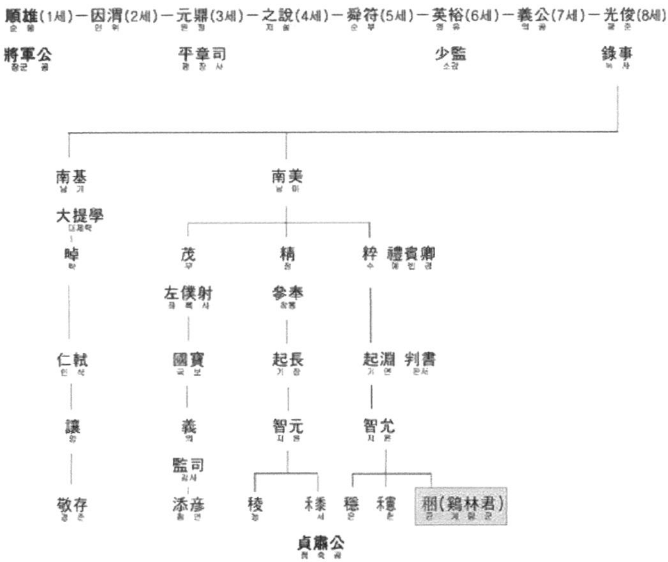

대장군공계(大將軍公係) 약사(略史)

1세 휘 순웅(順雄)

용호이군좌우신호흥위금오천우감문육위각치상장군(龍虎二軍左右神虎興威金吾千牛監門六衛各置上將軍) 대장군(大將軍)이고

2세 휘 인위(因渭) 상서(尙書), 좌복야(左僕射), 문하시랑평장사(門下侍郎平章事), 참지정사(參知政事)이고

3세 휘 원정(元鼎) 문하시랑평장사(門下侍郎平章事)이요

4세 휘 지예(之銳) 소감(少監)이요

5세 휘 순부(舜符) 군기소감(軍器少監)이요

6세 휘 영유(英裕) 소부소감(少府少監)이요

7세 휘 의공(義公) 태자(太子) 첨사(詹事)요

8세 휘 광준(光俊) 천우위(千牛衛綠事)요

9세 휘 남미(南美) 공역서승(供驛署丞)요

9세 휘 남기(南基)는 예판공(禮判公)으로 예의판서공파(禮儀判書公派)의 파조이다.

10세 휘 수(粹) 예빈경(禮賓卿)이요

11세 휘 기연(起淵) 예의판서(禮儀判書)요

12세 휘 지윤(智允) 증충근양절찬화공신(贈忠勤亮節贊化功臣) 자헌대부지문하부사참지의정부동판도평의사사사(資憲大夫知門下府事同參知議政府事同判都評議使司事). 3남을 두었으니 장남(長男)은 계림군(鷄林君) 휘 균(稛)으로 계림군파(鷄林君派)의 파조요, 차자(次子)는 송강공(松岡公) 휘 헌(禾憲)이니, 송강공파(松岡公派)의 파조요, 3子 휘 온(穩)은 충문공

(忠文公)이니 충문공파(忠文公派)의 파조이다.

12세 휘 지선(智宣)은 두 아들이 있으니 일자(一子)는 휘 서(禾黍)이니 정숙공(貞肅公)이고 정숙공파(貞肅公派)의 파조이다. 이자(二子)는 휘 능(稜)이고 현령공으로 현령공파(懸令公派)의 파조이다.

현령공 휘 능(稜)은 장군공의 9세손인 휘 남미(南美)의 아들 4형제 중 둘째 시랑참지사 휘 정(精)의 둘째 증손으로 公의 덕(德)이 커 계림팔도에 공의 후예가 번성하여 그 중에서 公의 6세손인 함원군(咸原君;휘 선(瑄))을 낳았다. 公은 조선조의 성종(成宗), 연산군(燕山君), 중종(中宗) 때의 명신으로 1457년(성종 6)에 이조좌랑의 봉직을 시작으로 사헌부 집의, 전주부윤, 강원도관찰사, 중추부사 등을 역임하면서 연산조의 사화(士禍), 중종반정 등의 파란만장한 세파에도 불구하고 조정과 세도에 굴함이 없이 오직 정도(正道_를 택하여 걸러온 기개나 적심(赤心)은 이 시대와 사회가 필요로 하는 동량(棟樑)으로 추앙된다.

계림군파(鷄林君派) 계보도(系譜圖)

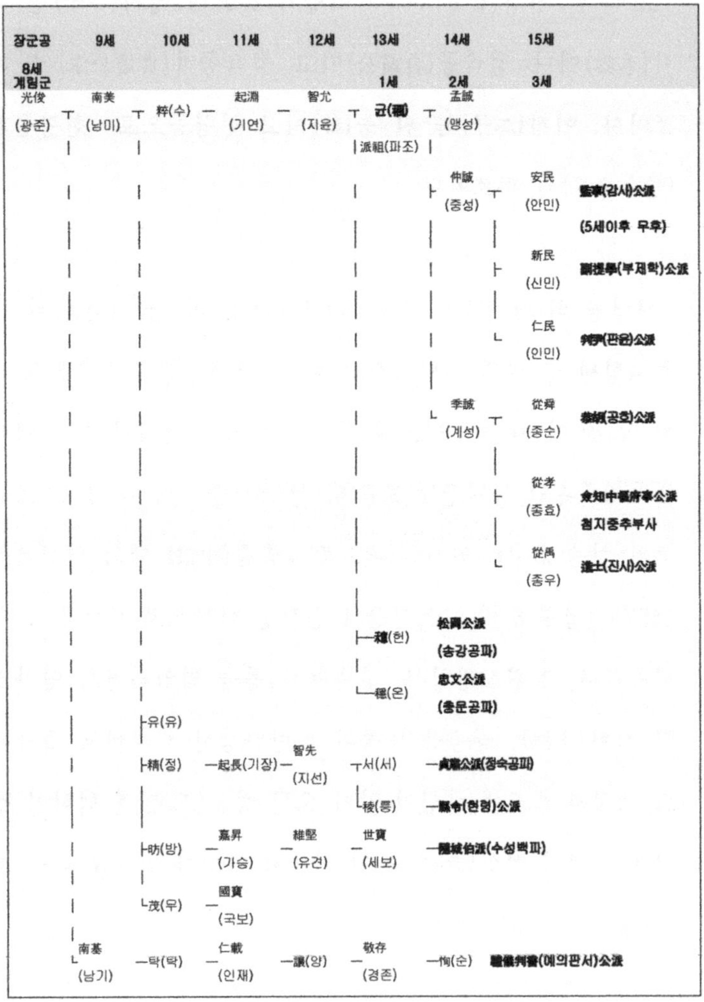

계림군파(鷄林君派) 약사(略史)

계림군(鷄林君) 휘 균(稛;1341-1398)을 파조를 한다. 대장군(大將軍) 순웅(順雄係) 후손 가운데 가장 화려한 벌열(閥閱)을 자랑하며 많은 인물들을 배출한 중심 계파이다.

계림군은 시조 대보공의 42세손이며 대장군 순웅을 시조로 하는 대장군계의 13세손이다. 공은 문하부사(門下府事) 휘 지윤(智允)의 아들로 공민왕 9년(1360) 성균시(成均試)에 합격한 뒤 공양왕 때 친구 조준(趙浚)의 천거로 전법판서(典法判書)에까지 승진하였다.

조선 개국 뒤 익대개국공신(翊戴開國功臣) 3등에 책록되어 계림군(鷄林君)에 봉해지고 중추원부사(中樞院副使)를 거쳐 좌찬성에 이르렀다. 시호 제숙(濟肅)이다. 아우 온(穩) 당숙 의(義) 또한 개국공신이었고 묘소는 광주시 오포읍 능평리

13세 휘 균(稛)은 벼슬이 찬성(贊成)이었고, 개국공신(開國

功臣)으로 계림군(鷄林君)에 봉해졌으며, 시호는 제숙공(齊肅公)이다. 균의 손자 휘 종순(金從舜)은 벼슬이 판윤이었고, 시호는 공호공(恭胡公)이며, 청백리(淸白吏)에 뽑혔다.

종순의 손자 휘 천령(千齡) 문과(文科) 출신으로 벼슬이 직제학(直提學)이었으며, 호당(湖堂)에 뽑혔다. 천령의 손자 휘 명원(命元)은 문과(文科) 출신으로 벼슬이 좌의정(左議政)이었으며, 공신(功臣)으로서 경림부원군(慶林府院君)에 봉해졌다. 시호는 충익공(忠翼公)이다. 명원의 손자 휘 남중(南重)은 문과 출신으로 벼슬이 예조판서(禮曹判書)였으며, 시호는 정효공(貞孝公)이다. 계림공 휘 균(稛)의 현손(玄孫) 휘 당(璫)은 과(文科) 출신으로 벼슬이 찬성(贊成)이었으며, 시호는 공절공(恭節公)이다.

중성(仲誠)은 계림군의 아들로 1398년(태조7) 사헌부감찰이 된 이래 충주목사(忠州牧使), 1428년(세종 10)에 의금부 직사를 거쳐 1445년에 의금부판사가 되었다. 엄정한 기강을 요하는 부서에서 인간적인 포용력을 펼쳤으며, 그런 중에 파직과 임용이 거듭되는 영욕을 겪었다. 말년에는 봉상시정에 이르렀고, 증병조판서(贈兵曹判書)에 추증되었다. 3남 안민(安民), 신민(新民), 인민(仁民)을 두었다. 파주시 탄현면 낙하리에 묘가 있다. 병판공파(兵判公派)의 파조이다.

병판공의 장자(長子) 안민(安民)은 감사공파(監事公派)의 파조로 세종(世宗) 때 문과로 통정판사사재감사(通政判司宰監事)를 지냈고,차자(次子) 新民(신민)은 進士(진사)를 거쳐 문과 급제하여 검열(檢閱) 대사성(大司成) 부제학(副提學) 지중추부사(知中樞府事)를 지냈다. 지중추부사공파(知中樞府事公派)의 파조이다.

차자(次子) 신민(新民)은 검열(檢閱) · 집현전(集賢殿) 직제학(直提學)과 성균관 사성(司成)하여 종학(宗學)박사를 겸하였다. 기사년에 사간원 우사간에 임명되었다. 재직시 언사(言事)로 체직(遞職)하고 정사년 8월에 부친상을 당하여 복상하였다. 기사년에 성균관(成均館) 대사성(大司成), 동지중추부사(同知中樞府事)가 되었다. 부제학공파(副提學公派)의 파조이다.

부제학공의 자 升卿(승경)은 1453년 사마시를 거쳐 식년문과에 급제, 지평 · 호조정랑(戶曹政郞)을 지내고 성종(成宗) 때 병조참판 · 도승지 · 호조참판 · 대사헌을 거쳐 한성부우윤(漢城府右尹)을 역임하였다. 1504년 연산군 10년 갑자사화(甲子士禍) 때 생모 윤비(尹妃)의 폐위에 관여했다는 죄목으로 부관참시의 추형을 받았다. 그 후 중종 때 신원되었다.

계림군 5세 휘 영(瑩)은 사옹원(司饔院) 직장(直長), 5세 휘 서(瑞)는 풍천부사(豊川府使), 7세 휘 돈(暾)은 충의위(忠義衛)이다.

부제학공파(副提學公派) 신민(新民)의 8세손 휘 경여(慶餘) 문과(文科) 출신으로 벼슬이 부제학(副提學)이었고, 시호는 문정공(文貞公)이며, 서원(書院)에 배향(配享)되었다. 원립(元立) 문과(文科) 출신으로 벼슬이 보덕(輔德)이었으며, 사당(祠堂)에 배향(配享)되었다. 휘 원립의 손자 재현(載顯) 문과(文科) 출신으로 벼슬이 도승지(都承旨)였다. 남중(南重)와 손자 주신(柱臣)은 숙종조(肅宗朝)의 국구(國舅)로서 경은부원군(慶恩府院君)에 봉해졌고, 시호는 효간공(孝簡公)이다.

주신의 손자 효대(金孝大) 벼슬이 형조판서(刑曹判書)였으며, 시호는 효정공(孝貞公)이다.

인민(仁民)은 세종(世宗) 때 문과(文科)로 예문관(藝文館) 대재학(大提學) 겸 한성판윤(漢城判尹)을 지냈다. 판윤공파(判尹公派)의 파조이다.

4세 휘 春卿(춘경)은 판윤공 인민(仁民)의 아들로 1451년 문과, 예조정랑 사헌부 執義(집의) 통정대부 장례원판결사(掌隷院判決事)를 지냈다.

휘 계성(季誠)은 계림군의 3자로 태조(太祖) 때 춘장방(春場榜) 무과급제(武科及第) 정삼품상(正三品上) 정의대부(正議大夫) 산원대경(散員大卿) 이후(以後) 누차(累次) 제수(除授) 불사(不仕). 예종(睿宗) 1469년에 장남 한성부판윤(漢城府判尹) 從舜(종순)에 의해 증자헌대부(贈資憲大夫) 이조판서(吏曹判書) 겸(兼) 지경연사(知經筵事) 지의금부사(知義禁府事) 지춘추관사(知春秋館事) 지성균관사(知成均館事) 홍문관대제학(弘文館大提學) 예문관대제학(藝文館大提學) 오위도총부도총관(五衛都摠府都摠管) 세자좌빈객(世子左賓客)에 추봉(追封)되었다.이판공파(吏判公派)의 파조이다. 3남 종순(從舜), 종효(從孝), 종우(從禹)를 두었다.

휘 종효(從孝) 이판공(吏判公) 휘 계성의 차자로 세종 신해(1431년) 성균관진사(成均館進士). 세종 계축(1433년) 세자익위사좌세마(世子翊衛司左洗馬) 이후(以後) 여러 관직(官職) 두루 역임(歷任). 문종 신미(1451년) 병조참의(兵曹參議) 단종 계유(1453년) 정3품(正三品) 당상관(堂上官) 통정대부(通政大夫) 첨지중추부사(僉知中樞府事) 세조 병자(1456년) 상왕복위기도(上王復位企圖)가 실패하자 관직을 버림. 세조 무인(1458년) 단종복위 실패에 상심(傷心)하여 아우 진사공(휘:從禹)과 더불어 가솔(家率)을 데리고 한성부 삼판방(漢城府 三坂坊:서울)을 떠나 경주부 남중리(慶州府 南中里: 현 울주군 두서면 구량리)로 낙남(落南)하여 은거(隱居).

휘 自幹(자간)은 從孝(종효)의 아들. 세조(世祖) 무인(戊寅) 1458년 단종복위 실패에 상심하여 낙남하는 부친 첨지중추부사공 휘 종효(從孝), 숙부 진사공 휘 종우공(從禹公)을 따라 경주부 남중리에 은거(隱居). 성종 계사 1473년 성종의 은거사림회유책(隱居士林懷柔策)에 의거 서사(筮仕)로 정3품(正三品) 통훈대부 행언양현감 겸경주진관병마절제도위(通訓大夫 行彦陽縣監 兼 慶州鎭管兵馬節制都尉)에 제수(除授)되었다.

종순(從舜)은 공호공파(恭胡公派)의 파조로 세종(世宗) 1426년 성균관생원(成均館生員)을 시작으로 승문원정자(承文院正字) 승문원부교리(承文院副校理)·춘추관기사관(春秋館記事官)· 병조좌랑(兵曹佐郎) 문종조(文宗祖)에 봉상시판관(奉常寺判官)· 병조정랑(兵曹正郎)· 호조정랑(戶曹正郎) 단종조(端宗朝)에 사헌부장령(司憲府掌令) 교서관판교(校書館判校)이 되었다.

세조(世祖) 1455년 좌익원종공신2등(佐翼原從功臣二等) 책록(冊錄). 통정대부(通政大夫) 우간의대부(右諫議大夫) 형조참의(刑曹參議) 이조참의(吏曹參議) 승정원동부승지(承政院同副承旨) 도승지(都承旨)를 역임하고 1462년 청백리(淸白吏)에 피선(被選)되었다.

이어 가선대부(嘉善大夫) 호조참판(戶曹參判)· 이조참판(吏曹參判) 경기도관찰사(京畿道觀察使)· 수판한성부윤(守判漢城府尹)· 사헌부대사헌(司憲府大司憲). 동지의금부사(同知義禁府事) 예종조(睿宗朝) 자헌대부(資憲大夫) 경상도관찰사(慶尚道觀察使) 성종조(成宗祖) 지중추부사(知中樞府事). 지의금부사(知義禁府事)· 이조판서(吏曹判書)· 판한성부윤(判漢城府尹)· 평안도관찰사(平安道觀察使) 육조청백리(六朝清白吏) 피선(被選)되었다. 성종조에 증시호(贈諡號) 공호공(恭胡公) 청덕치현위(清德致顯位) 가자(加資)증대광보국숭록대부(贈大匡輔國崇祿大夫) 의정부영의정겸(議政府領議政兼) 영경연사(領經筵事) 영홍문관사(領弘文館事) 영예문관사(領藝文館事) 영춘추관사(領春秋館事) 영관상감사(領觀象監事) 세자사(世子師)실록(實錄)과 명세총고(名世叢攷)에 의하면 "시사(詩詞)에 능통(能通)하여 명성(名聲)이 높았다"고 한다.

종순의 후손에서 많은 인물이 배출되어 현달(顯達)하였는데 6세손 만균(萬鈞)은 1528년 별시문과에 장원, 1531년 세자시강원(정6품) 사서 1531년 홍문관의 수찬(修撰)으로 전직하여 권신 김안로(金安老)를 탄핵하였으나 오히려 심정(沈貞)의 무리로 몰려 탄핵을 당하고 사직되었다.

1537년 김안로가 사사(賜死)되고 그의 일당이 축출된 뒤 재기용되어 시독관(侍讀官) · 교리 · 부응교(副應敎) · 장령(掌令) · 사간(司諫) 등을 지내고, 이어 당상관에 올라 사간원(司諫院)의 대사간이 되었다. 1543년에 사은사(謝恩使)로, 이듬해에 천추사(千秋使)로 명나라에 다녀오고 종2품 예조참판에 승진하여 《중종실록》 편찬에 참여하였다.

그뒤 강원도 관찰사로 나가고 이어 중추부의 동지사(同知事)로 재임중 죽었다.

사헌부(司憲府) 지평(持平), 예조좌랑(禮曹佐郞)을 지낸 부친 인령(金引齡)과 좌의정을 지낸 아들 충익공(忠翼公) 휘 명원(命元) 3대가 장원급제하여 문명(文名)을 떨쳤다. 영의정에 추증되었다.

충익공(忠翼公) 명원(命元)은 예조참판을 지낸 만균(萬鈞)의 아들로 이황(李滉)의 문인. 1558년(명종 13) 사마시에 합격, 1561년 식년문과에 급제하였다.

1569년(선조 2) 종성부사가 되고, 내외직을 거쳐 1587년 좌참찬으로 의금부지사를 겸임하였다.

1589년 정여립(鄭汝立)의 난을 수습한 공으로 평난공신(平難功臣) 3등에 책록,

경림군(慶林君)에 봉해졌다. 임진왜란 때 순검사(巡檢使)가 되고, 이어 팔도도원수로서 임진강 방어전을 전개하여 적의 침공을 지연시켰다. 평양이 함락된 뒤 순안에 주둔, 행재소(行在所) 경비에 힘썼다. 이듬해 명나라 원병이 오자 장수들의 자문에 응하였고, 그 뒤 신병으로 원수직을 사직, 호조·예조· 공조판서를 역임하였다. 1597년 정유재란 때 병조판서로서 유도대장(留都大將)을 겸임하고 좌찬성· 이조판서·우의정을 거쳐, 1601년 부원군에 진봉되고 좌의정에 이르렀다. 유학에 조예가 깊었으며, 병서(兵書) ·궁마(弓馬)에도 능하였다.

정효공(貞孝公) 남중(南重)은 충익공(忠翼公) 명원(命元)의 손자로 1618년(광해군 10) 증광문과에 병과로 급제, 승문원에 등용되어 가주서(假注書)로 광해군에게 입시(入侍)하였다. 1623년(인조 1) 검열 ·전적(典籍) 사헌부 지평(持平)·장령(掌令)에 이르렀다.

1636년 병자호란 때 예조참의로서 인조를 남한산성으로 호종(扈從)하였다. 이듬해 대사간이 되어, 강화도가 함락된 것에 대한 수장(守將)의 책임을 물어 처형할 것을 주장하였다.

그해 경기도관찰사가 되었는데, 생일에 여러 읍으로부터 선물을 받은 것이 문제가 되어 파직되었다. 1641년 대사간으로 기용되고, 1644년 다시 경기도관찰사, 1656년 춘추관동지사가 되어, 사은부사로 청나라에 다녀왔다. 1658년(효종 9) 공조판서, 이어 예조판서 · 형조판서를 거쳐 개성부유수에 이르렀다. 저서에 《역대인감(歷代人鑑)》이 있다.

효대의 아들 사목(思穆)은 문과(文科) 출신으로 벼슬이 좌의정(左議政)이었으며, 시호는 경헌공(敬獻公)이다. 사목의 조카 영작(金永爵) 문과 출신으로 벼슬이 이조참판(吏曹參判) · 홍문관 제학(弘文館提學)이었다. 사목의 손자 정집(鼎集)은 문과 출신으로 벼슬이 예조 판서(禮曹判書)였으며, 시호는 문정공(文貞公)이다. 정집의 아들 창희(昌熙)는 문과 출신으로 벼슬이 공조판서(工曹判書)였으며, 시호는 문헌공(文憲公)이다.

경은부원군(慶恩府院君) 주신(柱臣)은 정효공(貞孝公) 남중(南重)의 손자로 생원(生員)을 지낸 일진(一振)의 아들이다.

호 수곡(壽谷) · 세심재(洗心齋). 시호 효간(孝簡)으로 숙종(肅宗)의 장인.

박세당(朴世堂)의 문인. 1686년(숙종 12) 생원시에 합격하고, 이듬해 장원서별검(掌苑署別檢)이 되었다. 1720년 순안현령으로, 딸이 숙종의 계비(繼妃:仁元王后)가 되자 돈령부도정(都正), 이어 돈령부영사(領事)로 경은부원군(慶恩府院君)에 봉해졌다. 도총관(都摠官)으로서 상의원(尙衣院) · 장악원의 제조(提調) 및 호위대장을 겸임하였다. 효성이 지극하였고, 문장은 깊고 무게가 있었다. 저서에 《거가기문(居家紀問)》, 《수사차록(隨事箚錄)》, 《산언(散言)》 문집에 《수곡집(壽谷集)》 등이 있다.

인원왕후 (仁元王后)

존호(尊號) 혜순자경(惠順慈敬). 휘호(徽號) 정의장목(定懿章穆). 전호(殿號) 효소(孝昭). 1687년(숙종 13년) 경은부원군(慶恩府院君) 주신(柱臣)의 딸로 1701년 인현왕후 승하후 다음해 1702년(숙종 28년)에 왕비로 책봉되고, 1713년에

혜순(惠順)이란 존호를 받았다. 영조대(英祖代)까지 왕대비(王大妃)로 지내다가 1757년(영조 33년)에 71세의 나이로 슬하에 소생없이 승하. 생전에 숙종의 곁에 묻히기를 원해 고양(高陽)의 명릉(明陵)에 함께 조성하였다.

효정공(孝貞公) 효대(孝大). 아버지는 공조참의 후연(後衍)이며, 경은부원군(慶恩府院君) 주신(柱臣)의 손자이다. 숙종의 계비 인원왕후(仁元王后)의 조카이다. 1737년(영조 13)에 음보(蔭補)로 돈녕부참봉이 되었고, 1748(영조 24년) 고양군수(高陽郡守)로 재직할 때, 향교(鄕校)의 제위(祭位)를 동무(東廡)와 서무(西廡)의 양무(兩廡)로 나누어 모시도록 왕에게 직접 건의하여 재가를 받았다. 1753년 낭관(郎官)으로서 숙종에게 존호(尊號)를 올리는 데 참여하였다. 1756년 성천부사(成川府使)를 거쳐 1758년 수원부사(水原府使)가 되었다.

그 뒤 승지와 공조·병조참판 등을 역임하고, 1778년(정조 2)에는 총융사(摠戎使)에 올랐다. 1780년 한성부판윤을 거쳐 형조판서가 되었고, 1781년에는 공조판서를 지냈다. 시호는 효정(孝貞)이며, 영의정에 추증되었다.

휘 기대(器大) 사복시정(司僕寺正) 구연(九衍)에게 입양되어 숙종의 계비 인원왕후(仁元王后)의 친정조카가 되었다. 음보로 이천부사(利川府使)가 되었다가, 1756년(영조 32) 식년문과 갑과에 급제하여 승지로 특진하였다.

1762년 대사헌(大司憲)을 거쳐 경기도관찰사로 나갔다가, 1763년 9월 한성부우윤에 임명되고, 1764년 전은군(全恩君) 돈(墩) · 안표(安杓)와 함께 사은사(謝恩使)가 되어 청나라에 다녀왔다. 그 뒤 개성부유수(開城府留守)를 거쳐, 1767년 함경도관찰사로 있을 때 백두산의 제사를 위한 제단을 갑산에 설치하도록 건의하여 실현되었다. 1768년 승지 · 돈령부지사(敦寧府知事)를 역임한 뒤 예조판서를 지냈다.

휘 사목(思穆) 시호 경헌(敬獻).

음보(蔭補)로 기용된 뒤, 특지(特旨)로 김제군수가 되었다.

1772년(영조 48) 정시문과에 을과로 급제하여 부교리(副校理) ·부승지를 거쳐,

1774년 승지가 되었다. 1783년(정조 7) 대사간을 거쳐 이듬해 병조참판에 승진되었으며, 경기도관찰사를 거쳐 대사헌 ·총융사를 지냈다.

1788년 황해도관찰사로 재직하던 중 우택(雨澤)에 대한 장계를 늦게 올려 파직되었다. 이듬해 복직되어 대사간이 되고 사도세자의 능을 수원으로 옮기면서

수원부사에 제수되었다.

1800년 순조가 즉위한 뒤 병조 ·예조의 판서, 한성부판윤, 의금부판사 등을 거쳐 1808년 우의정, 1819년 좌의정에 올랐다. 그 뒤 왕세자에게 글을 가르쳤으며, 1828년 중추부영사 겸 군자감도제조를 역임하였다.

천부적으로 영민· 성실하여 낮은 관직이라도 성심껏 봉사하였다. 공직생활 70년 동안 영조· 정조· 순조 세 임금을 섬겼으며, 원로정승이 되어 회방(回榜:登科回甲)으로 궤장을 하사받았다. 검약을 생활신조로 삼았으며 안일한 생활을 구하지 않는 교훈을 실천에 옮겼다

휘 영작(永爵) 영의정 홍집(弘集)의 아버지. 1838년(헌종4) 음보로 정릉참봉(靖陵參奉)이 되고, 43년 식년문과에 갑과로 급제하였다. 이조· 호조· 예조· 병조의 참판(參判) 및 한성부우윤· 대사헌· 대사성· 홍문관제학(提學)· 목사(牧使) 등을 지내고, 고종 초기에 개성부유수(留守) 등을

역임하였다.

외직에 있을 때 선정을 베풀어 지방민의 칭송을 받았다. 시문에도 능하여 《소정고》 《청묘의례(淸廟儀禮)》 등의 저서를 남겼다

휘 정집(鼎集)

호 석세(石世). 시호 문정(文貞). 좌의정 사목(思穆)의 손자. 1825년(순조 25) 생원이 되고, 1827년 증광문과에 병과로 급제, 승정원가주서(假注書) · 설서(說書) 등을 지냈다. 1833년 정조사(正朝使)의 서장관으로 청(淸)나라에 다녀왔다. 1846년(헌종 12) 황해도관찰사로 있을 때, 신부 김대건(金大建)을 체포하였다.

철종 때 평안도관찰사로 있으면서, 횡포가 심한 온갖 잡세를 혁파하였다. 좌참찬(左參贊) · 의금부판사 등을 역임하였다. 특히 사학(史學)에 밝았으며, 충신과묵하여 지방관으로서의 치적이 많았다. 문집에 《석세유고》가 있다.

휘 홍집(弘集)

초명은 굉집(宏集), 자는 경능(景能), 호는 도원(道園) ·

이정학재(以政學齋).

경은부원군(慶恩府院君) 주신(柱臣)의 5대손이다. 개성부유수 영작(永爵)의 아들이며, 어머니는 창녕성씨로 혼(渾)의 후손이다.

1867년(고종 4) 경과정시(慶科庭試)로 문과에 급제. 1873년 복직하여 권지승문원부정(權知承文院副正)에 승문박사(承文博士)를 겸직하였다.

1875년 부사과(副司果)·훈련도감·종사관(從事官)을 지낸 뒤 약 3년간 흥양현감(興陽縣監)을 지내면서 백성과 정부의 신망을 받았다. 1877년 호조·공조·병조·예조참의를 차례로 역임하였고, 1879년 돈령도정(敦寧都正)을 지냈다.

1880년 일본의 인천개항, 공사주차(公使駐箚)와 해관세칙(海關稅則)의 요구 등 현안문제를 타결짓기 위한 제2차 수신사(修信使)로 일본에 다녀왔다. 1880년말 정부가 개화정책을 추진하기 위한 중추적인 기구로서 통리기무아문(統理機務衙門)을 설치하자, 통상관계를 전담하는 당상경리사(堂上經理事)에 발탁되었다.

1881년 위정척사운동(衛正斥邪運動)이 격화되면서 보수유

생들로부터 집중적인 비난을 받았다. 이 때문에 여러 차례 사직소를 올린 끝에 관직에서 물러났으나, 얼마 뒤 통리기무아문이 개편되면서 통상사당상(通商司堂上)에 임명되었다.

1882년 3월과 5월 사이 미국·영국·독일과 차례로 수호통상조약을 체결할 때 조약체결을 담당한 전권대신들의 부관으로 협상의 실무책임을 맡았다.

임오군란의 사후수습책으로 정부에서 일본 및 청나라와 제물포조약(濟物浦條約) 및 조청상민수륙무역장정(朝淸商民水陸貿易章程)을 체결할 때에도 전권부관으로 임명되어 협상의 실무책임을 맡았다. 그뒤 1883년 8월 규장각직제학을 거쳐 1884년초 지춘추관사(知春秋館事)를 역임한 다음 9월에 예조판서와 독판교섭통상사무(督辦交涉通商事務)를 겸임함으로써 대외교섭의 최고책임자가 되었다.

그는 온건개화파로서 중도개혁노선을 견지했는데, 급진개화파의 갑신정변이 실패로 끝난 직후 조정에서 그 뒷수습을 담당할 적임자로 선택되어 좌의정 겸 외무독판(外務督辦)의 중직을 맡아 1885년초 일본과 한성조약을 체결하였다.

박영효(朴泳孝)와의 연립내각이 수립되자, 내정개혁의 목표로서 〈홍범 14조〉를 발표하여 제2차갑오경장을 실시하였다.

이때 명성황후가 러시아를 끌어들여 일본을 견제함으로써 열세에 몰린 일본은 1895년 을미사변을 일으켰다. 김홍집내각은 이를 수습하는 과정에서 시종 반일·반외세의 처지에 있던 대다수 국민의 지지를 상실하였다.

1896년 2월 아관파천으로 김홍집내각이 붕괴, 친로정권이 수립되자 '왜대신(倭大臣)'으로 지목되어 광화문 앞에서 군중들에 의하여 타살되었다.

1910년 충헌(忠獻)이라는 시호가 내려졌고, 대제학에 추증되었다. 묘지는 경기도 파주군 임진면에 있었으나, 6·25남침 뒤 경기도 고양군 벽제면 대자리로 이장하였다. 유고집으로 《김총리유고(金總理遺稿)》가 있다.

계림군계 후손 과환록(科宦錄)

휘	넌대	관작명
맹성(孟誠)	세종조(世宗朝)	형조판서(刑曹判書)
중성(仲誠)	세종조	충주목사, 병조판서(兵曹判書)
계성(季誠)	세종조	판서(判書)
신민(新民)	세종조	문과(文科), 검열(檢閱), 성균관(成均館) 대사성(大司成), 집현전(集賢殿) 부제학(副提學)
인민(仁民)	세종조	한성판윤(漢城判尹)
종순(從舜)	세종조	한성부윤(漢城府)尹, 淸白吏
승경(升卿)	단종조(端宗朝	문과, 대사헌(大司憲)
태경(泰卿)	세조조(世祖朝)	문과, 판결사(判決事)
히경(皐卿)	세조조	문과, 판의금(判義禁)
선(璵)	성종조(成宗朝)	문과, 전한(典翰)
기(璣)	문종조(文宗朝)	예안현감(禮安縣監), 진안현감(鎭安縣監)
냥(璫)	연산군(燕山君)	문과, 좌찬성(左贊成), 시(諡) 공절공(恭節公)
선(璇)	중종조(中宗朝)	문과, 참판(參判)
전령(千齡)	연산군	문과, 직제학(直提學)
인손(麟孫)	연산군	경기관찰사(京畿觀察使), 오조판서(五朝判書)
만균(萬鈞)	중종조	문과 장원(壯元), 대사헌(大司憲)
경원(慶元)	중종조	문과 장원(壯元), 충청도(忠清道) 병마절도사(兵馬節度使)
명원(命元)	명종조(明宗朝)	문과, 선조조 임진왜란(壬辰倭亂) 도원수(都元帥), 경림부원군(慶林府院君), 시(諡) 충익공(忠翼公)
사걸(士傑)	연산군	통훈대부(通訓大夫) 의성현령(義城縣令)
순걸(俊傑)	연산군	광주목사(光州牧使)

수걸(秀傑)	연산군	재령군수(載寧郡守)
방걸(邦傑)	연산군	어모장군(禦侮將軍)
위(偉)	명종조	문과, 형조참의(刑曹參議)
성진(聲振)	선조조(宣祖朝)	경안도 찰방(察訪), 호조참판(戶曹參判)
광석(光奭)	선조조	사마양시(司馬兩試) 사복시정(司僕寺正)
남중(南中)	광해군(光海君)	문과, 효종조(孝宗朝) 공(工)·형(刑)·예(禮) 판서(判書), 시(諡) 효정공(孝貞公)
원중(元重)	인조조(仁祖朝)	동중추(同中樞), 부사과(副司果)
원립(元立)	인조조	문과, 종성부사(鍾城府使), 증(贈) 예조판서(禮曹判書), 양관(兩館) 대제학(大提學)
경여(慶餘)	선조조	문과, 예조정랑(禮曹政郞), 사헌부(司憲府) 지평(持平), 병자호란(丙子胡亂) 남한산성(南漢山城) 독전(督戰), 어사(御使), 홍문관(弘文館) 부제학(副提學), 증(贈) 영의정(領議政) 시(諡) 문정공(文貞公)
시진(始振)	인조조	문과, 효종 10년 전라도(全羅道) 관찰사(觀察使),예조판서(禮曹判書)
진수(震粹)		과천현감(果川縣監), 아산현감(牙山縣監)
몽신(夢臣)	헌종조(憲宗朝)	감사(監司)
수신(柱臣)	숙종조(肅宗朝)	영돈녕부사(領敦寧府使), 경은부원군(慶恩府院君), 국구(國舅)
세연(世演)		한성우윤(漢城右尹), 호(戶)·공(工)·형(刑) 참판(參判), 경기관찰사(京畿觀察使)
후연(後衍)		참의(參議)
세연(世衍)		첨정(僉正), 은율현감(殷栗縣監)
성운(聖運)		합천군수(陜川郡守)
순영(春英)		가선대부(嘉善大夫), 동지중추부사(同知中樞府事)
성운(聖運)	영조조(英祖朝)	문과, 감사(監司), 충청도(忠清道) 관찰사(觀察使)
효대(孝大)	정조조(正祖朝)	한성판윤(漢城判尹), 형조판서(刑曹判書), 시(諡) 효

경주김씨(慶州金氏)

		정공(孝貞公)
기대(器大)	영조조	문과, 도승지(都承旨), 경기관찰사(京畿觀察使), 판사(判事)
여(繡)		감사(監司)
사목(思穆)	영조조	문과, 병조판서(兵曹判書), 경기관찰사(京畿觀察使), 예조판서(禮曹判書), 순조조(純祖朝) 좌의정(左議政), 시(諡) 경헌공(敬憲公)
세심(世卓)	영조조	행충장군(行衝將軍), 첨지중추부사(僉知中樞府事)
영작(永爵)	고종조(高宗朝)	문과 장원, 이(吏)·예(禮)·병(兵) 참판(參判), 대사헌(大司憲), 대사성(大司成), 홍문관(弘文館) 제학(提學)
성갑(星甲)	영조조	태안현감(泰安縣監), 사헌부(司憲府) 집의(執義), 사간(司諫)
사묵(思默)	영조조	진안현감(鎭安縣監)
정집(鼎集)		판서(判書)
사혼(思渾)	영조조	수원진관병마절제도위(水原鎭管兵馬節制都尉)
유경(裕慶)	인조조	산음현감(山陰縣監)
홍집(弘集)	고종조	문과, 흥양현감, 예조참의, 경기관찰사(京畿觀察使), 예조판서(禮曹判書), 판윤한성(漢城判尹), 좌의정(左議政)
심원(品遠)		승지(承旨)
승집(升集)		참판(參判)
창희(昌熙)	고종조	문과, 형조판서(刑曹判書)
심희(品熙)	고종조	문과, 병조참판(兵曹參判), 부윤(府尹)
순희(存熙)	고종조	문과, 참의(參議)
교익(敎益)	고종조	평안남도(平安南道) 관찰사(觀察使), 중추원((中樞院) 의관(議官)
장원(長遠)	순조조(純祖朝)	회인현감(懷仁縣監)

영분공파(永芬公派) 세계도

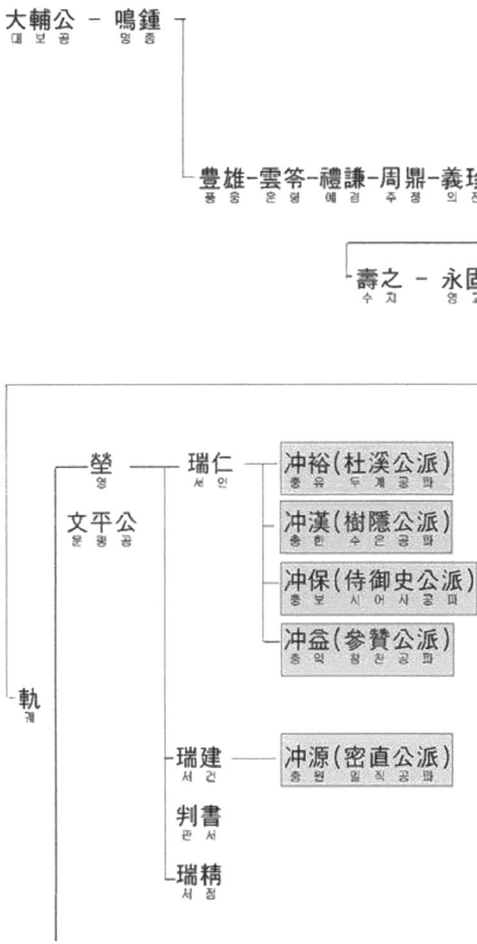

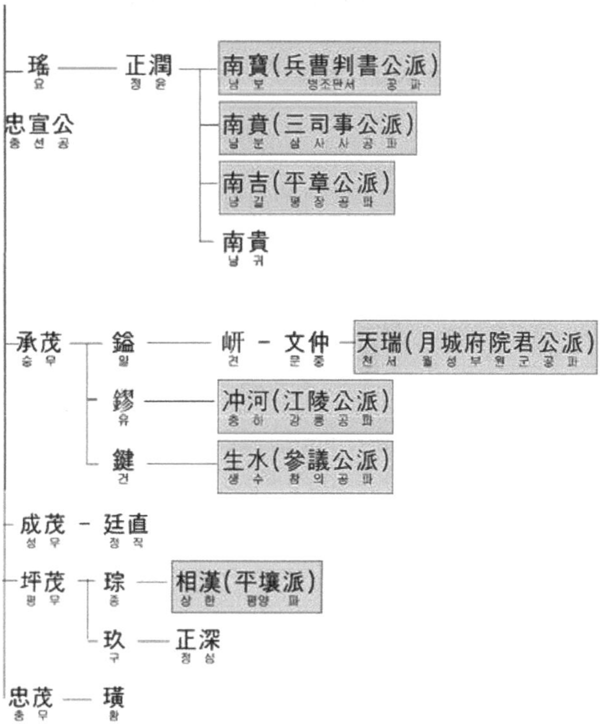

영분공파(永芬公派) 약사(略史)

영분공파 1세 명종(鳴鍾)영분공(永芬公) 시조 휘 알지(대보공)의 29세손이고 경순왕(敬順王)의 9형제 중 3남이며 관직은 신라 최고 벼슬인 각간(角干)이다.

신라(新羅)가 일천년의 영화를 누리고 경애왕(景哀王) 때에 이르러 국세(國勢)는 위축되고 견훤(甄萱)의 침공으로 치욕을 받은 상황에서 경순왕(敬順王)이 즉위하시니 이미 국세는 기울어졌다. 이를 만회하시려고 왕께서는 애를 쓰셨으나 돌이킬 수 없는 지경에 이르렀다. 따라서 신하에게 고려에 손위(遜位)하실 뜻을 밝히시니 마의태자(麻衣太子)는 「충신의사를 모으고 민심을 수습하여 싸우다가 힘이 다하면 말지라도 1000년 사직을 일조(一朝)에 남에게 줄 수 없다」 고 간하였으나 왕께서는 「외롭고 위태로움이 이와같아 강하여질 수도 없고 약하여 질수도 없는데 무고한 백성들의 간뇌(肝腦)를 땅에 뿌리는 것은 내 차마 할 수 없다」. 하시고 김대휴(金對休)로 하여금 고려 왕건에게 손국할 뜻을 전하고 경순왕 9년 12월에 백관을 거느리고 왕도를 출발하여 왕건 태조에 손위하셨다.

이때 경순왕의 비(妣)는 죽방부인(竹房夫人) 박씨(朴氏)요 슬하에는 3남1녀가 있었으니 일(鎰)은 태자(太子)라. 금강산에 들어가 바위를 의지하고 마의초식(麻衣草食)으로 생을 마쳤고 차(次)는 머리를 깍고 화엄사에 들어가 중이 되어 이름을 범공(梵空)이라 했다.

셋째 아드님 명종(鳴鍾)이 바로 영분공(永芬公)으로서 부왕(父王)의 뜻을 따라 부왕을 모시고 고려로 가시니 삼국사기에는 향차와 보마는 삼천여리에 뻗치어 도로는 울음바다로 막혔고 구경꾼은 담을 두른 것 같다 라고 쓰여 있다.

영분공께서는 부왕의 계위하시려는 뜻을 받들어 세왕자 중에서 오직 한분이라도(장형(長兄)마의태자(麻衣太子)와 차형(次兄)은 고려 손위를 반대하고 입산하였음) 손국 행차에 부왕을 모시고 고려에 가심으로써 양국의 관계에 완전한 화합이 이루어져 부왕의 높으신 뜻이 값지게 이루게 되는 상황이었음을 잘 알고 계셨다. 그러기 때문에 공만은 부왕을 따라 고려에 가신 것이다. 참고로 삼국유사에 나타난 후백제 견훤(甄萱)편을 보면 (견훤의 경우는 덕(德)과 처지가 다르나)견훤은 이미 고려에 항복하였으나 자식들은 신검을 참왕(僭王)으로 받들고 고려 왕건에 항거하다가 천복(天福) 원년(936)에 왕건의 토벌로 황산 탄현에서 항복을 하니 견훤은 분이 터져 발달되어 수일후에 황산불사(黃山佛舍)에서 죽었다. 그러므로 그 후손으로 성을 전한 사람이 드물다.

한편 공의 입장에서 고찰할 때 공은 왕자로 태어난 몸이 천년왕업의 조국을 잃고 모후(母侯)는 금강산에 여승이 되었으니 법명을 돈도(頓道)라 하셨고 돈도암(頓道庵)을 창건하시고 수선(修禪)으로 생을 마치셨다. 공은 모후와 두 형을 이별하고 오직 부왕의 대의로운 큰 뜻에 순응하여 고려와 평화적 정권이 양의 대의에 부합하셨으니 충성과 효심의 깊음이 세상을 버리고 입산하신 두 형님에 비하여 손색이 없을 뿐 아니라 오히려 차원이 높은 충효였으며 지금 우리 후손이 번창하고 있음은 공의 큰 음덕임을 알아야 할 것이다. 그러나 한편 인정으로 살필 때 당시 공의 심회는 얼마나 외롭고 허전하셨으랴. 그 심정은 짐작하고도 남음이 있을 것이다.

경순왕으로서는 영분공만이 유일하게 부왕을 모시고 고려에 가신 것은 전술하였고 가신 뒤에는 왕자로써 체모를 지켜 의연히 처신하셨기 때문에 정치적으로 어려운 고려의 초기에 경순왕의 덕을 이을 인품이 되시어 왕건이 신라를 경주로 고치고 공의 식읍으로 하였던 경주를 형망제급(亨亡第及)의 원칙에 따라 본관(本貫)으로 사(賜)함을 받았으니 신라를 상징한 유일한 정통의 씨족으로 계승되었음을 알 것이다.

2세 임흥공(林興公) 휘(諱)와 배(配)가 모두 실전되었고 차자 욱은 현손까지 기록이 있으나 이후는 모두 실전되었다.

3세 운령(雲嶺) 아개공(阿蓋公)

4세 예겸(禮謙)고려 성종때 삼중대광 삼한벽상공신(정일품)내사령이고 몽고토벌에 공이 높았다. 동국통감 25권에 기록이 있음.

5세 주정(周鼎)은 태자소전(太子小傳)이다.

6세 의진(義珍) 시호는 양신(良愼)이고 문종 원년1047년에 전중시어사에 이어 지상서이부사를 역임하고 평장사에 이르렀다. 공은 풍채가 크시고 성품이 곧고 배움이 넓고 들음이 많으며 온건하고 양순하여 선을 좋아 하였다. 학문을 좋아하시어 후진양성에 이바지하니 양신공도(良愼公徒)라는 유명한 고려12공도의 하나를 거느린 당시의 12인 중 한분이다.

7세 후덕(侯德) 자는 상인(尙仁)이요 전객령이다. 시랑김양

감과 공부시랑박시중과 같이 중국에 입조하였다가 태묘(太廟)의 그림을 그려와서 우리나라에 문묘(文廟)를 세우고 역학과 성리학을 펴서 유림의 종맹(宗盟)이 되었다.

8세 수지(壽之) 서도감판관(평양)

9세 영고(永固) 합문지후(閤門祗侯;고려때 국가 의례나 조회등 의식을 관장하던 관직) 공은 한때 흥교의 도관역사로 있었는데 성품이 청렴하고 인자하여 그곳의 직무 수행중에 한사람도 태형에 처한 일이 없이 백성들을 위하는 일에 게을리하는 법이 없었다. 그런데 공이 구주갑장으로 옮겨갔을 때였다. 공의 직위가 속하게 된 곳의 김보당이 나라에 반기를 드는 군사행동을 일으켰다가 패하였으므로 공도 체포되어 영주옥에서 사형을 당하게 되었다. 이에 흥교 아전과 백성들이 처치사를 찾아와 눈물을 흘리면서 그를 용서하여 줄 것을 애원하였다. 그러자 탄원에 접한 처치사도 그를 차마 죽이지 못하고 칼을 씌워 서울로 압송하였다. 그때 그 사건을 떠맡은 승선 이준의는 평소에 김영고와 친교가 두터웠으므로 그의 석방을 위해 극력 힘을 썼다. 이준의의 도움으로 무사히

풀려나게 되지만 집은 관가에 몰수되고 처자식은 거리에 나앉아 굶주림과 추위에 떨면서 의탁할 곳조차 없는 곤궁한 신세가 되어 버렸다. 그러자 이번에는 흥교의 아전과 주민들이 양식과 옷감을 모아 거두어서 김영고에게 보내주었다. 뒷날 벼슬이 합문지후에 오른 그에게는 붓글씨 특히 예서를 잘쓰고 재주와 식견이 뛰어나게 총명한 아들 김인경이 있었다.

10세 인경(仁鏡) 처음 이름은 양경(良鏡)이었다. 재주와 식견이 정밀하고 명민하여 예서(隷書)를 잘 썼다. 시호는 정숙공(貞肅公)이고 문,무,리(文.武.吏)각분야에 고루 자질을 갖춘 분으로 명종 때 문과에 급제, 직사관을 거쳐 기거사인(起居舍人)이 되었다. 인경은 문(文) · 무(武) 재주가 모두 넉넉하였으며, 천품이 맑고 아름다워서 한 점의 티끌도 없었다. 낭서(郎署)에서부터 상부(相府)에 이르기까지 국가의 중요한 문장이 모두 그의 손에서 나왔다. 왕공이나 부녀로부터 소치는 아이와 말 모는 하인에 이르기까지 그의 이름을 모르는 사람이 없었다. 고려 고종초 조충이 강동성에서 글안군을 토벌할 때 판관으로 출전하여 큰공을 세움. 예부낭중을 거쳐추밀원 우승선이 되었다. 1227년 수찬관으로 명종실록을 찬수

하고 형부상서,한림학사,지추밀원사,상서좌복야 등을역임하고 1232년 조정이 몽고군의 병화를 피하여 강화에 천도하자 이듬해 왕경유수 병마사가 되었다. 그뒤 정당문학, 이부상서, 감수국사를 지내고 중서시랑평장사 에 이르렀다. 시에 능하고 예서에 뛰어났다. 공은 경남 거창군 남상면 월평리 하산사에 봉안되어 있다.

11세 휘 궤(軌)는 고종 갑자 5월 장원으로 급제 벼슬이 간의대부와 한림학사 승지 예부시랑을 거쳐 상서좌복야 가 됨. 6형제를 두어 자손이 번창하였다.

1남은 휘 영(塋)이고 2남은 휘 요(瑤)이고 3남은 휘 승무(承茂)이고 4남은 휘 성무(成茂)이고 5남은 휘 평무(坪茂)이고 6남은 휘 충무(忠茂)이다.

승무(承茂)는 어려서 과거에 급제하여 사관(史官)과 한림(翰林)을 거쳐 여러 번 승진하여 시어사(侍御史)에 이르렀다.

장남 휘 영(塋)은 문평공(文平公)은 3남을 두었는데 장남 정랑공 휘 서인(瑞仁)이 가장 번성하여 4남을 두었는데 1남 휘 충유(冲裕)는 두계공파(杜溪公派), 2남 휘 충한(冲漢)은 수은공파(樹隱公派), 3남 휘 충보(冲保)는 시어사공파(侍御史公派), 4남 휘 충익(冲益)은 참찬공파(參贊公派)의 파조가 되고, 문평공(文平公)의 2남 휘 서건(瑞建)은 판서(判書)로 아들 휘 충원(冲源)은 밀직공파(密直公派)의 파조이다.

수은공은 고려조의 봉익대부 예의판서셨으며 시문(詩文)에 능하고 도덕이 높아 정포은(鄭圃隱) 이목은(李牧隱) 길야은(吉冶隱) 이도은(李陶隱)과 더불어 육은(六隱)선생으로 호칭되어 존경을 받으셨고 고려가 망하자 임선미 선생 등 72현과 개성 만수산에 들어가시며 이성계의 역성혁명에 항거하였으니 세칭 두문동서원에 제2위로 배향되셨고 시와 문인 유고(遺稿)가 수은실기(樹隱實記)에 세전한다.

12세 요(瑤) 시호는 문선공(文宣公). 자는 병옥(秉玉) 관은 삼중대광상장군계림부원군(三重大匡上將軍鷄林府院君) 시(諡) 문선(文宣)이요 영분공 휘 명종의 12세손 정숙공 인경의 손이요 승지예부시랑상서좌복야(承旨禮部侍郞尙書左僕야) 휘 궤(軌)의 둘째 아들로 태어났다. 여사(麗史) 정원일록(政

院日錄)을 안찰하면 충숙왕 때에 공의 시사를 전형할 즈음 임금님이 그 세덕을 물으니 정신(廷臣)이 상조(上朝 : 명종)에 김인경의 손이라 아뢰었다.

임금께서 정숙의 문장덕행이 뛰어났는데 요와 같은 손자가 또 있으니 정숙이 사망하여도 그 성망(聲望)은 살아있는 것 같다고 극찬하였다. 1男을 낳으니 휘 정윤은 충선왕조에 문과에 올라 병부시랑을 역임하고 예의판서에 증직되었다.

13세 정윤(正潤)고려 충선왕조(忠宣王朝)에 문과에 올라 병부시랑을 역임하였고 예의판서를 증직받았다.

정윤이 4남을 낳으니 장자 휘 남보(南寶) 병판공파(兵判公派)의 파조가 되고 둘째 휘 남분(南賁) 판삼사사공파(判三司事公派)의 파조이다. 일찍이 영오총혜하고 문장이 탁월하여 진사시에 합격하여 판삼사사(判三司事)를 역임하였으며 문하부사에 증직되었다. 配는 정경부인 전주이씨 참판 인관의 따님이다.

셋째 휘 남길(南吉) 평장사공파(平章事公派), 넷째 휘 남귀(南貴) 밀직공파(密直公派) 이상 4파로 분파되어 홍유거경(鴻儒巨卿)이 많이 배출되었다.

휘 궤(軌)의 3남 휘 승무(承茂)는 재주와 학식이 뛰어나 일찍 과거에 급제하여 사한(史翰)을 지내고, 권신 김준(金俊)의 총애를 받아 시어사(侍御史)에 이르렀다. 시어사공파(侍御史公派)의 파조이다.

3남을 두었는데 1남 휘 일(鎰)은 군기소감(軍器少監)이고 아들 휘 견(岍)은 지제교(知制敎)이고 아들 휘 문중(文仲)은 밀직승지(密直承旨)이고 아들 휘 천서(天瑞)는 판예빈시사(判禮賓侍事) 문하시중(門下侍中)인데 따님이 조선 정종대왕비 순덕왕후(順德王后)로 월성부원군(月城府院君) 봉(封)하였으므로 월성부원군파(月城府院君派)의 파조가 되었다.

아들은 정종의 처남으로 판공안부사를 지낸 정호공(靖胡公) 수(需)이고 아들 휘 겸(謙)은 시호가 평원(平原)으로 1396년(태조 5) 문과에 급제하고 군기시직장(直長)· 교서감승(校書監丞)을 지내고, 개성부유후(開城副留後)· 한성부윤 ·동지우군총제· 풍해도관찰사· 공안부윤(恭安府尹) 등을 지냈고, 평원공(平原公)의 아들 휘 세민(世敏)은 정종의 둘째딸 숙신옹주(淑愼翁主)와 결혼하여 부마가 되었다. 부지돈령부사(副知敦寧府事)가 되었다.

시어사공(侍御史松)의 2남 휘 류(鏐) 아래로 강릉공파(江陵

公派), 3남 휘 건(鍵) 아래로 옥구참의공파(沃溝參議公派)로 나뉘어진다.

대안군계(大安君係)

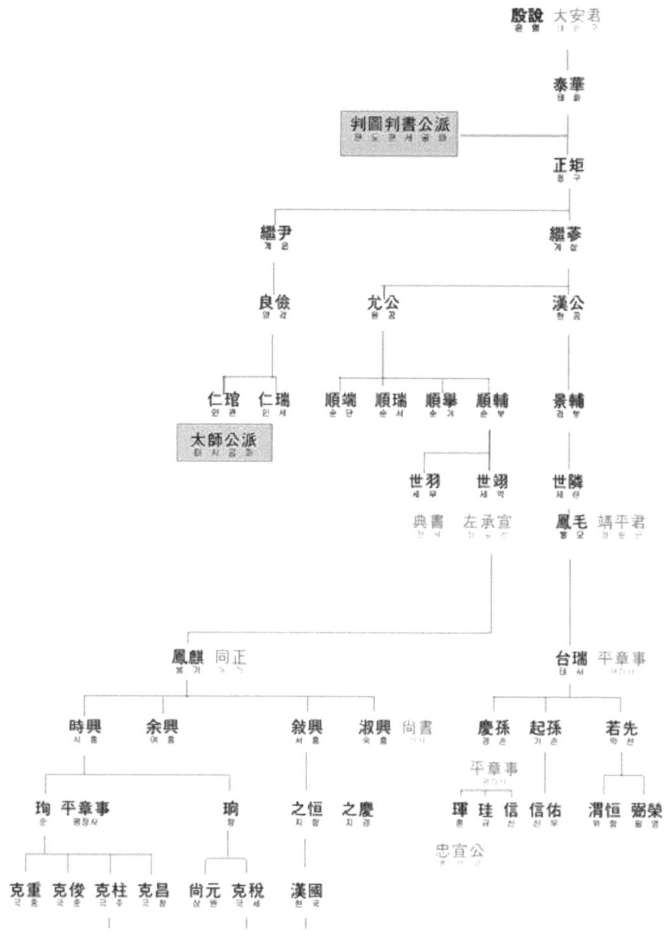
殷說 大安君
泰華
判圖判書公派
正矩
繼尹
繼參
良儉
允公
漢公
仁琯
仁瑞
順端
順瑞
順擧
順輔
景輔
太師公派
世羽
世翊
世麟
典書
左承宣
鳳毛 靖平君
鳳麒 同正
台瑞 平章事
時興
余興
敍興
淑興 尙書
慶孫
起孫
若先
平章事
珣 平章事
琄
之恒
之慶
琿
珪
信
信佑
渭恒
弼榮
忠宣公
克重
克俊
克柱
克昌
尙元
克稅
漢國

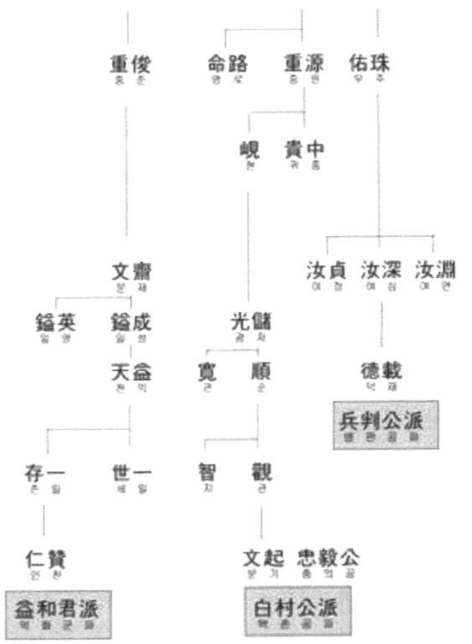

대안군계(大安君系) 약사(略史)

1세 대안군(大安君) 은열

생졸년(937년 ~ 1028년). 신라 경순왕과 신명 순성왕후의 장녀 낙랑공주 사이의 경순왕 넷째 아들이다. 휘는 은열(殷說)이다. 그는 대보공 김알지의 29세손으로 효목왕후(孝穆王后) 왕씨 모후의 5공자 중 장남이다. 관직은 시랑 정4품을 거쳐 평장사 정이품을 지내고 시중이 되었다. 고려 현종 19년(1028년) 음력 3월 4일, 91세의 나이로 사망하였다.

2세 휘 태화(泰華) 강릉군(江陵君)

3세 휘 정구(正矩) 판관(判官)

4세 휘 계삼(繼參) 공부상서(工部尙書)

5세 휘 한공(漢公) 시랑(侍郞)

6세 휘 경보(景輔) 시랑(侍郞)

7세 휘 세린(世麟) 상서좌복야(尙書左僕射)

8세 휘 봉모(鳳毛) 시호는 정평군(靖平君). 상서좌복야 세린(世麟)의 아들. 음보로 벼슬에 오르고, 명종 즉위 초 내시로 있었다. 1176년(명종 6) 남쪽에서 난이 일어나자, 종군하여 공을 세웠다. 이듬해 명복궁녹사(明福宮錄事), 이어 군기주부(軍器注簿) · 감찰어사 등을 거쳐 동북면지병마사가 되었다.

호어(胡語) · 한어(漢語)에 능하여, 금나라 사신이 오면 반드시 관반(館伴)이 되어 접대하였고, 나라의 대사에는 항상 전례(典禮)가 되어 일을 보았다. 벼슬이 인진사(引進使)에서 합문판사(閤門判事)에 오르고, 1203년(신종 6) 중서문하평장사 · 태자태부에 이르렀다.

9세 휘 태서(台瑞)는 추밀원부사(樞密院府使)·상장군(上將軍), 문하시랑평장사(門下侍郎平章事)와 보문각대제학(寶文閣大提學)을 역임하였다. 완산군(完山君)에 추봉되고 전주김씨(全州金氏)의 분관조(分貫祖)가 되었다.

장남 휘 약선(若先)은 당대의 세도가(勢道家)인 최우(崔瑀)의 맏사위이며 순경태후(順敬太后)의 부친으로 추밀원부사(樞密院府使)를 지냈고, 차남 휘 기손(起孫)은 이부상서(吏部尙書)를 거쳐 원종 때 문하시랑평장사(門下侍郎平章事)에, 막내 휘 경손(慶孫)은 고종 때 몽골군이 침입하자 정주분도장군(靜州分道將軍)으로 귀주성(龜州城)을 지켰고, 1237년(고종 24) 전라도 지휘사(全羅道指揮使)가 되어 나주성(羅州城)에서 초적(草賊) 이연년(李延年)의 난을 평정하였다.

성품이 장중(莊重)하고 온화하며 너그럽고 지혜와 용맹이 남보다 뛰어나며 담략(膽略)이 있었다. 음직(蔭職)으로 벼슬길에 진출하여 빛나고 중요한 벼슬을 역임하였다. 여러 번 전공을 세워 민간이나 조정에서 그를 의지하였는데, 갑자기 최항(崔沆)에게 살해되자 사람들이 모두 통분하고 애석하게 여겼다. 시호는 정평군이다.

휘 혼(琿) 경손의 아들이다. 충렬왕 때에 대장군 증찬(大將

軍中贊)이 되었다. 임금이 원 나라로 간 뒤에는 임시로 행성사(行省事)를 서리(署理)하였다. 뒤에 낙랑군(樂浪郡)으로 봉하고, 추성익조공신(推誠翊祚功臣)의 호를 내리고, 다시 계림부원군(鷄林府院君)으로 봉하였다. 시호는 충선(忠宣)이다.

휘 렴(濂)은 봉(封) 김해군(金海君) 소보공(少保公) 휘 품언(稟言)은 고려 때 거란 토벌의 공으로 수성군(隋城君)에 봉해졌으며 수원김씨(水源金氏)의 분관조이다.

휘 세익(世翊)은 좌승선(左承宣)을 지냈으며 아들 동정공(同正公) 휘 봉기(鳳麒) 대에서 크게 갈라지는데 장자 숙흥(叔興)은 1010년(현종 1) 거란(契丹)의 성종(聖宗)이 침입했다가 이듬해 군사를 거두고 돌아갈때, 구주별장(龜州別將)으로 거란의 퇴로를 막고 중랑장(中郎將) 보랑(保良)과 함께 적을 쳐 무찔렀다. 1019년(현종10) 양규와 함께 공신의 녹권(錄券)을 받고 뒤에 또 삼한후벽상공신(三韓後壁上功臣)의 호를 받았다. 장군(將軍)에 추증(追贈)되었다.

차자 휘 서흥(敍興)의 고손(高孫) 휘 덕재(德載)는 병판공파(兵判公派)의 파조이다. 4남 휘 시흥(時興)은 고려 때 묘청의 난을 진압하면서 공적을 세웠으며 명종 때 김녕군(金寧君)으로 봉해졌다. 고려조에 평장사 휘 향(珦), 병부상서 휘 정병(挺丙) 및 판도판서 휘 광저(光儲) 등이 배출되었다.

조선조에는 판서 휘 익생(益生) 휘 윤달(潤達)· 백촌공파(白村公派) 휘 충의공(忠毅公) 휘 문기(文起), 익화군파(益和君派) 충민공(忠愍公) 휘 인찬(仁贊), 한성판윤 종남(從南)·응수(應壽), 그리고 방어사 언공(彦恭) 등이 있다.

대안군 6세손 태사공(太師公) 휘 인관(仁琯)은 문하시랑 평장사(平章事)를 지내고 태사공파(太師公파)의 파조이다. 공의 9세손 상촌(桑村公) 휘 자수(自粹) 후손에 이르러 대대로 큰 인물이 배출되었다.

12세손 휘 장유(將有)는 판도판서(版圖判書)를 지내고 판도판서공파(版圖判書公派)의 파조가 되었다.

병판공파(兵判公派)

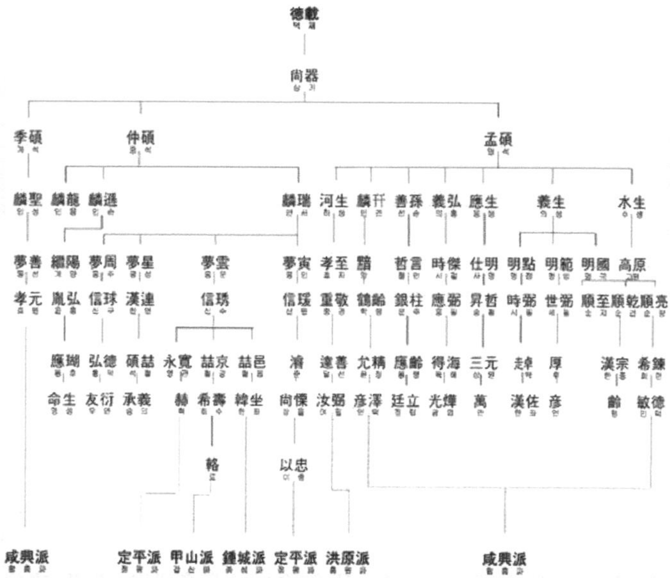

병판공파(兵判公派) 약사(略史)

병판공은 대안군(大安君)의 후예로 자(字)는 도중(道重), 호(號)는 벽송(碧松) 휘는 덕재(德載)이다. 고려말에 태어나 1336년에 문과로 한림학사(翰林學士)가 되고 통훈대부, 수의부위호용순위사(修義副尉虎勇巡尉事), 서문관(署門館) 교리판사(校理判事), 검교(檢校) 중추원사(中樞院司)를 지내고 조선조에 와서 정헌대부(正憲大夫) 병조판서(兵曹判書), 조선 개국에 공이 커 3등 공신(功臣)에 훈작(勳爵)되고 보국숭록대부(輔國崇祿大夫)가 되었다. 태조가 함흥차사로 태종이 보낸 사신을 모두 죽이는 일이 벌어져 아무도 나서는 이가 없자 공이 몸소 사신을 자청하여 난제를 푸는 충성스러움을 보여주었다. 이에 공을 함경도 중산(中山; 지금의 정평(定平))에 살게 하는 은전을 입었다. 시호는 충익공(忠翼公)이다. 1407년 72세로 졸(卒)하였다. 배위는 정경부인(貞敬夫人) 밀양박씨(密陽朴氏)로 한성판윤(漢城判尹) 휘 성해(成海)의 따님이다.

병판공이 함경도 정평에 세거한 후로 후손들이 주로 북한지역에 살게 됨으로 병판공파는 함흥파(咸興派), 정평파(定平派), 갑산파(甲山派), 종성(鍾城派), 홍원파(洪源派) 등 북한지역에 뿌리를 둔 각 파를 형성하였다.

병판공 2세 휘 상기(尙器)는 성균생원(生員), 주부(主簿)이고, 3세 맹석(孟碩)으로 문과로 진사(進士), 사헌부(司憲府) 감찰(監察)을 지냈다. 3세 휘 수생(水生)은 문과로 삼수군(三水郡) 훈도(訓導)를 지냈다.

익화군파(益和君派)

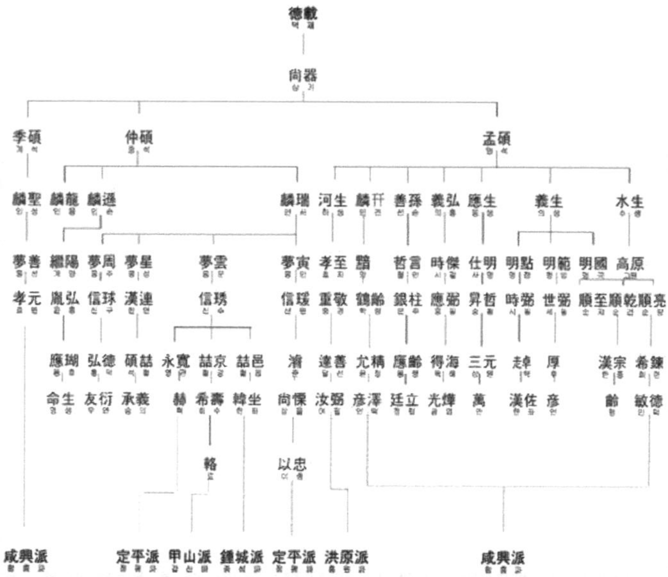

익화군파(益和君派) 약사(略史)

공은 고려 충숙왕 5년(1336년) 병자년에 익화현에서 탄생하였으며 공의 휘는 인찬(仁贊), 자는 의지(義之) 호는 의암(毅庵) 시호는 충민(忠愍)이다.

공은 천성이 영매하고 총명하여 문무가 뛰어나서 고려와 조선 두 나라에 출사하여 나라와 결례(缺禮)를 정의로 돕고 조선 태조 원년에 익화군과 개국일등공신을 받았다.

공은 신라 대보 김알지의 43세손이며 경순왕의 16세손이요 경순왕 제4자 대안군 은열공의 제3자 김해군(金海君) 휘 렴(濂)공의 14세손이다. 공의 고조는 전라도 관찰사 문제공(文齊公)이요 증조는 고려때 목사 일성(鎰成)공이며 조부는 도승지 화녕도 상원수 개녕군 천익(天益)공이요 부는 고려때 문과급제하여 벼슬은 전서 안변목사 증승정대부 의정부 좌찬성 존일(存一)공이요 모는 해주오씨이다. 인찬공은 제4자이시며 배위는 정경부인박씨와 정경부인 파평윤씨이다.

고려 충숙왕5년 병자에 익화현에서 탄생한 공은 총명한 천품으로 문무에 뛰어났으며 고려말에 이성계 이지란도 도원결의 때 공이 직시한 회맹문은 조선건국에 공헌한 정신적인 지주가 되었다. 1392년 7월 17일 배극렴과 더불어 이성계를 조선태조로 추대하니 태조는 공에게 보조 공신등을 제수하고 익화군에 봉하였다. 그후 공의 사우에 관한 사항을 이에 약술한다. 익화군 서거후 조정의 명에 의하여 불천신주를 부조묘에 봉안하고 역대 종군이 봉사하여 오다가 이곳 종가에 모시고 봉사하여 왔다.

익화(益和)는 경기도(京畿道) 양근(楊根)의 옛 지명으로 지금의 양평군(楊平郡)이다. 양근(楊根)은 본래 고구려 때의 지명으로 항양(恒陽)이라 불리기도 했으나 신라 때 빈양(濱陽)으로 개칭했다가 고려 고종(高宗 : 제 23대 왕, 재위기간 : 1214 ~ 1260) 때 영화(永化)라 했고, 1356년(공민왕 5) 양근(楊根)으로 고쳤으며, 1908년 이웃 지평군(砥平郡)과 합하여 지금의 양평군(楊平郡)이 되었다. 익화군파(益和君派)는 경순왕(敬順王)의 넷째 아들 대안군(大安君) 김은열(金殷說)의 14세손 전서공(典書公) 김존일(金存一)의 막내아들 김인찬(金仁贊)을 시조(始祖)로 한다.

문헌(文獻)에 의하면 시조(始祖) 인찬(仁贊)은 1376년(우왕 2) 북청 천호(北青千戶)가 되고 1388년(우왕 14) 밀직부사(密直副使)에 올라 이성계(李成桂)의 위화도(威化島) 회군(回軍)에 공을 세워 동지밀직사사(同知密直司事)에 올랐으며,

1390년(공양왕 2) 공신(功臣)의 호(號)를 받았고, 1392년(조선 태조 1) 보조일등공신(補祚一等功臣)에 책록되어 중추원사(中樞院事)·의흥친군위 동지절제사(義興親軍衛同知節制使)로 익화군(益和君)에 봉해졌다.

그리하여 후손들이 그를 시조(始祖)로 하고 익화(益和)를 관향(貫鄕)으로 삼아 세계(世系)를 이어왔다. 가문의 대표적인 인맥을 살펴보면 인찬(仁贊)의 아들 귀룡(貴龍)이 상장군(上將軍)을 역임했고, 검룡(儉龍)은 훈련도감(訓鍊都監)으로 제주(濟州)에 입도(入島)하였으며, 넷째 종남(從南)은 한성판윤(漢城判尹)으로 영의정(領議政)에 추증되어 금성군에 봉해졌다.

한편 종남(從南)의 맏아들 중보(重寶)는 대호군(大護軍)으로 효성이 지극하여 주위의 칭송을 받았으며, 차남 용보는 함남(咸南) 이원(利原)에, 삼남 신보(信寶)는 함북(咸北) 경원(慶源)으로 이주(移住)했다.

그밖의 인물로는 만일(萬鎰)이 임진왜란 때 제주도(濟州도)

에서 말(馬) 수천 필을 나라에 바쳐 헌마공신(獻馬功臣)으로 숭정 대부(崇政大夫 : 종 1품의 관계)에 올랐으며, 세화(世華)는 제주 감목관(濟州監牧官)을 역임하였다. 또한 대명(大鳴)은 보성 군수(寶城郡守)를 지냈고, 의금부사(義禁府事) 이갱은 좌리공신(佐理功臣)으로 익성군(益城君)에 봉해졌으며, 학자(學者)로 이름난 응립(應立)과 부호군(副護軍) 상관(祥寬)은 명종(明宗) 때 군수(郡守)를 역임한 지희(之禧)와 함께 가문을 빛냈다.

태사공파(太師公派)

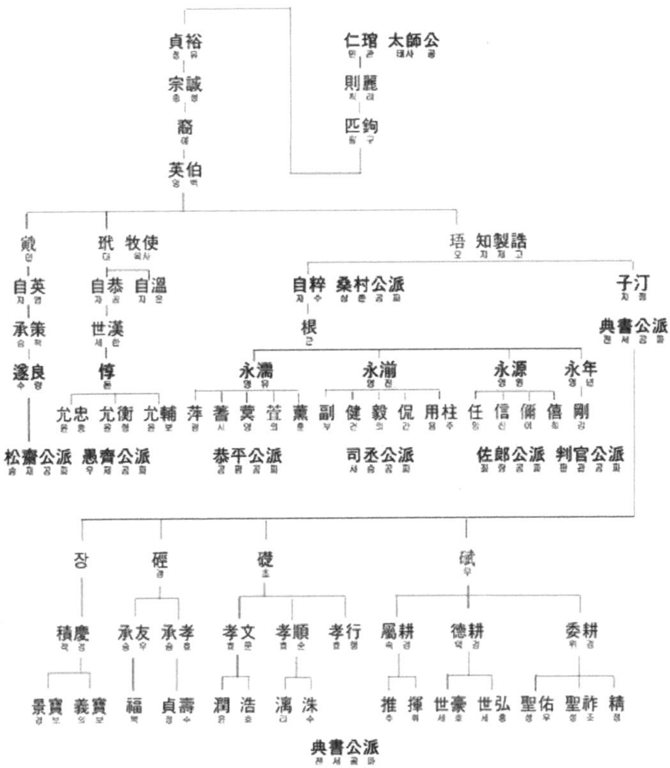

태사공파(太師公派) 약사(略史)

태사공(太師公) 휘 인관(仁琯)

고려 문종(文宗) 누승위위시경, 예종 19년 전위부랑으로 사신으로 행차했으나 여진의 병랑으로 길이 막혀 회행했다. 족보와 고려사에 의하면 예종은 대비 국상을 당하자 요왕은 조문사로 왕경을 보내와 위조문하고 아울러 낙기복을 칙명 허락했다. 왕은 이에 대한 사은사를 요(遼)에 파견했는데 이때 사신이 바로 낭중 인관인 것이다.

낙기복이란 상중에 있는 자를 탈상하게 하고 평상생활을 하게 하며 관직에도 복귀함을 뜻한다. 3년 탈상을 당겨 탈상시키는 것을 말한다. 공은 또 상서도성 좌사랑중 재임시 발영시(拔英試;삼품 이상의 조관이 응시하는 과거)에 괴탁과(魁擢科)에 등과했다. 즉 갑과에 장원을 뜻한다. 그 후 공은 문하시랑(門下侍郎) 평장사(平章事) 주국 개국자(작) 경조현에 녹작(祿爵)되고 검교태자 태사(太師)로 치사하다. 그 후 왕은 삼중대광상서도서령 승록대부 "영의정" 추증되었다.

태사공파(太師公派)는 부사공(副使公) 휘 영백(英伯)의 대에서 갈려지는데 봉상대부(奉常大夫) 통례문부사(通禮門副使)를 역임한 참의공 휘 오(珸)의 장자(長子)인 자정(子汀)의 전서공파(典書公派)와 휘 자수(自粹)의 상촌공파(桑村公派)로 분파된다.

상촌파는 손자 대에 가서 다시 4개파로 갈라지는데, 김영년(金永年)의 후손이 판관공파(判官公派) 김영원(金永源)의 후손이 좌랑공파(佐郎公派) 좌랑공 장남 휘 희(僖)는 장단공파(長湍公派), 김영전(金永湔)의 후손이 사승공파(司丞公派) 김영유(金永濡)의 후손이 공평공파(恭平公派) 참의공 휘 오(珸)의 아우 목사공(牧使公) 휘 대(玳)의 증손 우제공 휘 돈(惇)에서 우제공파(遇齊公派) 휘 영백(英伯)의 3子 휘 인(戭)의 증손자 휘 수량(遂良)에서 송제공파(松齊公派)로 나눠진다.

8세손 김자수(金自粹) 고려조(高麗朝) 때 문과에 급제하고, 조선 태종조(太宗朝) 때 형조판서(刑曹判書)에 제배(除拜)되었으나 자살(自殺)하였다. 서원에 배향되었다. 김자수의 증손(曾孫) 김임(金任)이 무과(武科) 출신으로 공신(功臣)이 되어 계성군(鷄城君)에 봉해졌다. 김자수의 현손(玄孫) 김세필(金世弼) 문과 출신으로 벼슬이 이조 참판(吏曹參判)이었으며, 호당(湖堂)에 뽑혔다. 시호는 문간공(文簡公)이며, 서원에 배향되었다.

김자수의 8세손 김홍익(金弘翼) 벼슬이 현감(縣監)이었으며, 시호는 충민공(忠愍公)이다. 김홍익의 아우 김홍욱(金弘郁) 문과 출신으로 벼슬이 황해도 감사(黃海道監司)였으며, 시호는 문정공(文貞公)이다. 서원에 배향되었다. 김홍욱의 증손(曾孫) 김흥경(金興慶) 문과 출신으로 벼슬이 영의정(領義政)이었으며, 시호는 정헌공(靖獻公)이다. 김흥경의 아들 김한신(金漢藎) 영조조(英祖朝)의 부마(駙馬)로서 월성위(月城尉)에 봉해졌으며, 시호는 정효공(貞孝公)이다. 김자수(金自粹)의 11세손 김유경(金有慶) 문과 출신으로 벼슬이 참찬(參贊)이었으며, 시호는 효정공(孝貞公)이다. 김한신의 아들 김이주(金頤柱) 문과 출신으로 벼슬이 참찬(參贊)이었으며, 시호는 정헌공(靖憲公)이다.

김이주의 아들 김노경(金魯敬) 문과 출신으로 벼슬이 이조판서(吏曹判書)·제학(提學)이었다. 김노경의 아들 김정희(金正喜) 문과 출신으로 벼슬이 참판(參判)이었다. 김흥경(金

興慶)의 증손 김노응(金魯應) 문과 출신으로 벼슬이 병조 판서(后曹判書)였으며, 시호는 정헌공(正獻公)이다. 김노응의 아들 김도희(金道喜) 문과 출신으로 벼슬이 좌의정(左議政)이었다. 김홍욱(金弘郁)의 현손 김한구(金漢耉) 영조조(英祖朝)의 국구(國舅)로서 오흥 부원군(鰲興府院君)에 봉해졌으며, 시호는 충익공(忠翼公)이다. 김한구의 아우 김한기(金漢耆) 문과(文科) 출신으로 벼슬이 판서(判書) · 어영 대장(御營大將)이었다. 김한구의 조카 김관주(金觀柱) 문과 출신으로 벼슬이 우의정(右議政)이었다. 김관주의 아우 김일주(金日柱) 유일(遺逸)로서 벼슬이 호조참의(戶曹參議)였다. 김한구의 손자 김노충(金魯忠) 벼슬이 총융사(摠戎使)였다.

태사공파 下 상촌공파 과환록(科宦錄)

좌랑공계(佐郞公係)-영원(永源)

휘	년대	관작명
영백(英伯)		부사(副使)
오([illegible])		지제고(知制誥)
지수(了粹)	태종조(太宗朝)	판전교시사, 형조판서(刑曹判書)
근(根)		평양소윤(平壤少尹)
영원(永源)		호조좌랑(戶曹佐郞)
인(璌)		안주목사(安州牧使)
호윤(好尹)		선무랑(宣務郞)
적(楨)		찰방(察訪)
홍욱(弘郁)	인조조(仁祖朝)	황해도관찰사(黃海道觀察使), 문정공(文貞公)
세진(世珍)		찰방
흥경(興慶)	숙종조(肅宗朝)	영의정(領議政), 정헌공(靖獻公)
한징(漢禎)		첨절제사(僉節制使)
노응(魯應)	순조조(純祖朝)	판서(判書)
도희(道喜)	순조조	좌의정(左議政), 효헌공(孝憲公)
헌신(漢藎)		도총관(都摠管), 제용감(濟用監)제조(提調), 월성위(영조의 부마, 화순옹주)
이주([illegible]柱)	영조조(英祖朝)	형조판서(刑曹判書), 정헌공(靖憲公)
노영(魯永)	영조조	예조참판(禮曹參判)
정희(正喜)	순조조	성균관(成均館)대사성(大司成), 추사체, 금석학자
노경(魯敬)	순조조	이(吏)·호(戶)·병(兵)·형(刑)·공조판서(工曹判書), 지돈령부사(知敦寧府事), 추사 김정희의 생부

공평공계(恭平公係)-영유(永濡)

휘	년대	관작명
영유(永濡)	세종조	형조참판(刑曹參判), 공평공(恭平公)
훈(薰)		첨정(僉正)
세필(世弼)	연산군(燕山君)	이조참판(吏曹參判), 지중추부사(知中樞府事), 문간공(文簡公)
지([illegible])	중종조(中宗朝)	지평(持平), 충민공(忠愍公)
선경(選慶)		참의(參議)
한구(漢耉)	영조조(英祖朝)	어영대장(御營大將), 오흥부원군(鰲興府院君), 충헌공(忠憲公), 영조의 국구(정순왕후)
한기(漢耆)	영조조	성균관(成均館)대사성(大司成),경상도(慶尙道) 관찰사(觀察使),호조참판(戶曹參判),중추부지사(中樞府知事)
귀주(龜柱)	영조조	공조참판(工曹參判)
한록(漢祿)		세자익위사세마(世子翊衛司洗馬)
관주(觀柱)	영조조	우의정(右議政), 문익공(文翼)

판도판서공파(判圖判書公派)

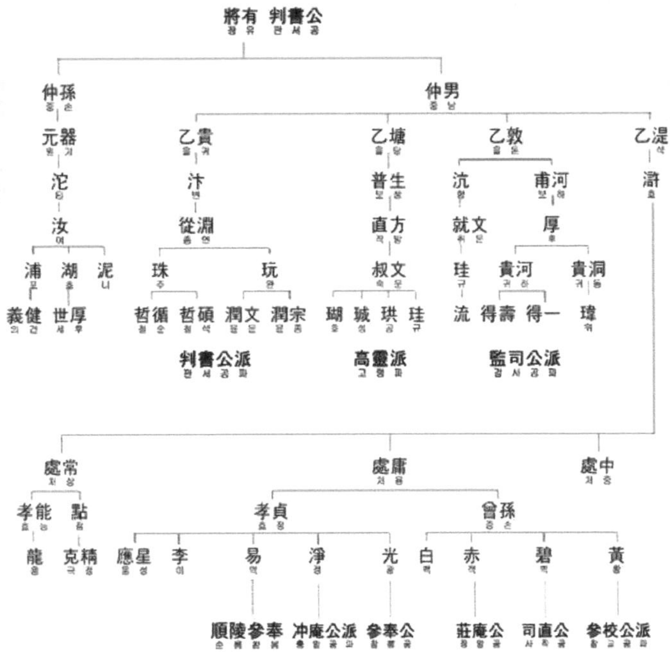

판도판서공파(判圖判書公派) 약사(略史)

판도판서공파 파조 휘 장유(將有)는 고려말에 정국이 혼란하자 충청도 보은 땅에 은둔하여 그곳에서 일생을 마쳤다.

2세 중남(仲南)은 중랑장(中郎將), 사헌부 감찰(監察)과 규정(糾正)을 지냈고, 2세 휘 중손(仲孫)의 아들 휘 원기(元器)는 문과로 가선대부 이조참의(吏曹參議)를 지냈다. 이조참의공파(吏曹參議公派)의 파조이다. 3세 을식(乙湜)는 조선 개국초에 판군기사사(判軍器寺事),을돈(乙敦)은 감사공파(監司公派)의 파조로 강원(江原) · 황해(黃海) 양도(兩道) 감사(監司)지냈고 을귀(乙貴)는 공조판서(工曹判書公派)의 파조로 공조판서(工曹判書)를 지냈다.

판서공 5세손 휘 처용(處庸) 도염서승(都染署丞)을 지내고 증병조참판(贈兵曹參判)에 추증되었다. 그의 아들인 휘 증손(曾孫)은 중직대부(中直大夫) 사옹원(司饔院) 판관(判官)을 지냈고, 차남 휘 벽(碧)은 건공장군(建功將軍) 충무위부사직(忠武衛副司直)을 지냈다.

公의 아들 휘 천부(天富)는 김제공파(金堤公派)의 파조가 되고, 휘 천우(天宇)는 사인공파(舍人公派)의 파조가 되었다. 판관공 휘 증손(曾孫)의 3남 휘 적(赤)은 생원공파(生員公派), 4남 휘 백(白)은 진사공파(進士公派)의 파조가 되었다.

휘 효정(孝貞)은 세종조에 문과 급제하여 정언(正言)을 증 병조판서(贈兵曹判書)에 추증되었다. 정언공의 아들 휘 광(光)은 장암공파(莊菴公派)가 되었다.

公의 아들은 조선 중종(中宗) 때의 명신(名臣) 정(淨)인데 충암공파(冲菴公派)의 파조로 그는 조광조(趙光祖)와 더불어 중종 때에 지치주의(至治主義)의 실현을 위하여 혁신정치를 시도하다가 기묘사화가 일어나 서른 여섯 살의 아까운 나이에 세상을 떠났다. 그에 대한 일화가 "당적보(黨籍譜)"에 다음과 같이 전한다. 그가 증광문과(增廣文科)에 장원으로 급제하고 정언(正言) 등을 거쳐 순창군수(淳昌郡守)로 나가 있을때 그의 옛 글벗인 승정원 승지(承政院承旨) 이항(李沆)이 청탁편지를 부쳐왔다. 그 편지는 직함을 갖추어 쓰고 도장을 찍었으며 우정있는 말은 한 마디도 없고 마치 높은 자리서 하명하는 듯한 글투였다. 이에 김정은 거절의 뜻을 밝히고 아래와 같은 시를 써 넣었다.

"서당에서 같이 배우고, 옥당에서 같이 있다가 남녘 시골로 흘러내린 병든 이 한 몸이라 천상에서 화려한 직함인 승지 이씨여 편지 쓸 즈음에 옛 벗 생각
을 했는가."

이 시에 앙심을 품은 이항은 후에 기묘사화가 일어나자 김정의 죄를 추론하는데 앞장섰다. 그외에도 그가 제주도로 귀양가다가 해남 바닷가 노송 아래서 회포를 달래며 소나무 껍질을 벗기고 적은 시가 전하며, 36세로 사약을 받을 때 남긴 절명사(絶命詞)가 유명하다.

충암공의 동생 휘 역(易)은 순릉참봉공파(順陵參奉公派)가 되었다.

판도판서공의 5세손 휘 처상(處常)은 직장공파(直長公派)의 파조로 관(官)이 직장(直長) 증정헌대부(贈正憲大夫)에 추증되었다.

백촌공파(白村公派)

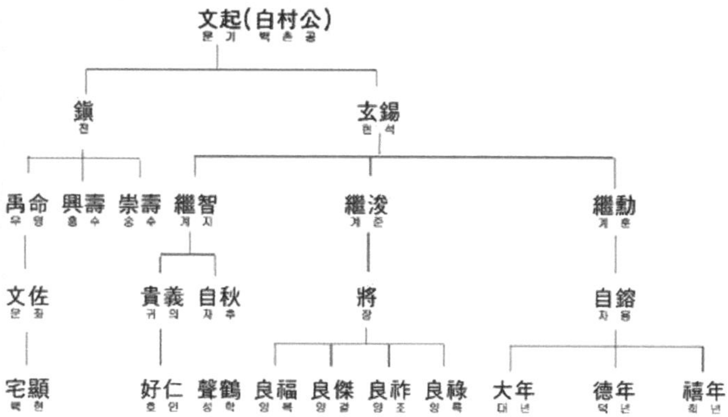

백촌공파(白村公派) 약사(略史)

백촌공(白村公)은 신라 경순왕의 제4자 대안군 휘 은열의 15세손으로 호조판서 퇴휴당공 휘 순(順)의 손자님이요 증 영상공 휘 관(觀)의 아드님으로 1399 2월16일 충북 옥천군 이원면 백지리에서 출생하시었다. 초휘는 효기(孝起)였으나 장인이신 문정공 휘 효정(孝貞)의 휘자를 피하여 문기(文起)로 개명하셨다. 자는 여공(汝恭)이시고 호는 白村이시여

정호는 마암(馬巖)이다. 어려서부터 효성이 지극하시고 천품이 총민하셔서 일찍이 학문을 대성하시었다. 그 성품은 강정하시면서도 활달하셨고 또 언변에 능통하였다. 한편 무예에도 뛰어나 공조판서 당시 경희루에서 열린 어전궁술대회에서 백발연중의 명궁 솜씨를 보시어 활과 화살, 환도를 상급받으신 일도 있다. 1426년 생원시와 문과대책과의 합격하시어 예문관검열에 출사하여 1436년 사과원좌헌납 1437년 병조좌랑 1438년 사재감부정 1439년 경상도아사 1441년 입직순문전 1443년 의정부사인 1444년 봉상시ㅐ윤1445년 함길도도진무 1448년 겸지병조사 1450년 승정원부승지 1451년 도승지 함길도도관찰사 1453년 형조참판 자헌대주함길도병마도절제사 1455년 공조판서겸삼군도진무 1456년 이조판서를 역임하시었다.

승지로 계실 때에는 다른 신하들의 강경한 반대에도 불구하고 함길도의 둔전전제도를 실시하고자 홀로 문정 임금께 역설 상주하신바 있었는데 함길도도절제사로 부임하신 뒤 이를 실시하시어 큰 공적을 남기셨다. 또한 한어와 외교에도 밝으시어 국방과 외교에도 많은 공적이 있었다. 공은 주자학에 연구가 깊으셔서 옥천 마암 위에 정사를 지으시고 춘추로 선비들을 모아 강학하셨으며 선산 성묘하시러 매년 안에 가셔서는 지방 선비들을 모아 강학하시었고 경상도어사로 계실 때와 안동부사로 계실 때 그리고 경차관으로 경주에 가셨을 때는 많은 지방 유생들을 강학지도하시었다.

또 승지로 계실 때는 한양 대가에 많은 자제들을 성균관에서 강학하시고 함길도관찰사로 가시어서는 각 고을에 학문을 일으키게 하시고 몸소 소학과 대학 주자가례를 강의하시어 부임하신 지 2년에 학문이 크게 일어 공께서 이임하신 뒤에 지방 유림들이 공분문 밖에 영당을 지어 그 공덕을 숭모하였다. 이와같이 공께서는 문무가 겸전하시어 출장입사하시고 또한 충절이 뛰어나시었다.

단종원년 10월 10일 수양대군이 이른바 계유정변을 일으켜 최상 김종서, 영상 황보인 등 원로 중신들을 암살하고 전권을 장학 총지하다가 1455년(단종3년) 윤 6월 11일 왕위에 오르니 이가 즉 세조이다. 세조의 즉위 비록 선양의 형식 택하였다고 하지만 계략으로서 왕위를 찬탈한 것임으로 세조를 제거하고 잔역도를 숙청하여 상왕인 단종을 복위시키고자 공께서는 왕년에 집현전학자로서 세종의 군총(○寵)을 받았던 좌승부지 성삼문, 중추원부사 박팽년, 집현전부제학 이개, 예저참의 하위지, 사헌부집의 류성원 등 제공과 모의하여 세조 2년 6월 1일 창덕궁에서 명나라 사신을 향응하는 기회를 타서 거사하기로 계획하였다. 이때의 일을 왕조실록에는 김문기는 박팽년과 족친이며 또 가깝게 지냈다. 이때 김문기는 도진무로 있었는데 박팽년. 성삼문과 함께 모의하여 말하기를 "자네들은 안에 있으면서 일을 실패없이 이루도록 하라. 나는 밖에서 병력을 거느리고 있으니 비록 거역하는 자가 있을지라도 제재하기가 무엇이 어렵겠는가?" 라고 기록하고 있다.

그러나 거사하려던 일이 뜻대로 안되자 6월2일 김질 이 배신 밀고하여 모든 일이 탄로되어 6월8일 아드님 예병제공휘 현석(玄錫) 동지들과 함께 순절하시었다.

아! 이때 순절하신 제공들의 탁충이야말로 영원토록 추앙되리라. 세조도 참회하여 매월당 김시습을 시켜 위령제를 지내고 단종의 충신으로 순절한 충신명을 1457년 금단팔폭에 기록하니 이른바 병자원적이라 이분들은 동학사에 초유(招侑 : 죽은 자의 혼을 불러 위로해 준다는 뜻) 하였다. 백촌공께서는 하늘에 관통하는 충열로 그 모진 고문에도 끝까지 굴복하지 않으시고 돌아가시니 그 대절이야말로 천하의 사표인 것이다.

탁월하신 그 절의는 세월이 갈수록 빛을 더하여 1731년 3월 신원 복관작되시고 1778년 (정조 2년 무술) 3월에는 충의라는 시호와 숭정대부 의정부좌찬성겸판의 금부사지경연춘추관사홍문관대제학지성균관사세손이사의 증직을 받으셨다. 1791년 2월 강원도 영월장릉 경내 충신단에 배향되시고 그후 전국 사림에서는 다투어 사우와 사원을 세워 공의 영혼을 모시고 있다.

경주김씨(慶州金氏) 각파(各派) 항렬표(行列表)

병판공파(兵判公派) 휘 덕재(德載)

20세	21세	22세	23세	24세	25세	26세	27세	28세	29세
0 燮	0 喆	鍾 0	永 0	0 植	0 煥	周 0	鎬 0	0 洙	0 模
龜 0	0 赫								
	基 0	0 鎭	泰 0	0 根	炳 0	0 培	鍾 0	0 淑	相 0
	在 0	0 錫	永 0	0 植	炯 0	0 均	鎔 0	0 源	格 0
	圭 0	0 鍊	求 0	0 林	燦 0	0 埈	鉉 0	0 淵	桂 0

30세	31세	32세	33세	34세	35세
0 江	址 0	0 鐸	河 0	0 栢	燾 0
0 熹	垂 0	0 鑄	洛 0	0 杓	熙 0
0 熏	堯 0	0 鎬	治 0	0 模	燕 0

충선공파(忠宣公派) 휘 혼(琿)

27세	28세	29세	30세	31세	32세	33세	34세	35세	36세
0 璉 0 岳	0 甫 鳳 0	漢 0	0 模	炳 0	在 0 基 0	鍾 0	0 濟	東 0	0 燮

백촌공파(白村公派) 휘 문기(文起)

19세	20세	21세	22세	23세	24세	25세	26세	27세	28세
0 烈	基 0	0 鍾	泳 0	0 根	炯 0	0 塤	鎔 0	0 求	相 0
0 煥	在 0	0 錫	洛 0	0 模	炅 0	0 垠	鉦 0	0 河	柄 0
0 燮	圭 0	0 鉉	演 0	0 柱	勳 0	0 志	銀 0	0 漢	秀 0
								0 洪	桓 0

29세	30세	31세	32세	33세
0 熙	堯 0	0 鎬	求 0	0 榮
0 然	庸 0	0 鏞	治 0	0 棲
0 烋	垌 0	0 錄	泰 0	0 植
0 焄	垠 0	0 銓	治 0	0 析

익화군파(益和君派) 휘 인찬(仁贊)

14세	15세	16세	17세	18세	19세	20세	21세	22세	23세
0 熙	基 0	0 九	洪 0	0 植	應 0 丙	0 圭	鎭 0	0 浩	東 0

24세	25세	26세	27세	28세	29세	30세	31세	32세	33세
烈 0 炳	載 0	0 鉉	洛 0 永	0 根	容 0	0 均	鍾 0	0 漢	榮 0

34세	35세	36세	37세	38세	39세
0 煥	在 0	0 鏞	洙 0	0 相	炯 0

태사공후(太師公後) 전서공파(典書公派) 휘 자정(子汀)
상촌공파(桑村公派) 휘 자수(自粹)

24세	25세	26세	27세	28세	29세	30세	31세	32세	33세
0 載 0 喜 秀 0	商 0 容 0	0 濟 0 浩	東 0 0 元	0 煥 0 烈 0 翼	基 0 周 0 執 0	0 鍾 0 鎬	淵 0 澤 0 洙 0	0 植	丙 0

34세	35세	36세	37세	38세	39세	40세
0 奎	善 0	0 世 0 求	寅 0	0 夏	廷 0	0 錫

판도판서공파(版圖判書公派) 휘 장유(將有)

17세	18세	19세	20세	21세	22세	23세	24세	25세	26세
0 泰 0 鼎	秀 0	0 熙	基 0 在 0	0 九 0 鉉 0 鎬	洪 0 永 0 漢 0	0 植 0 模 0 桓	應 0 炳 0	0 圭	鎭 0

27세	28세	29세	30세	31세	32세	33세	34세
0 浩	東 0	0 烈	載 0	0 錫	洛 0	0 根	容 0

두계공파(杜溪公派) 휘 충유(沖裕)

37세	38세	39세	40세	41세	42세	43세	44세	45세	46세
0 泳	柄 0	0 熙	基 0	鍾 0	0 河	0 柱	然 0	圭 0	鎬 0

47세	48세	49세	50세	51세	52세	53세	54세	55세	56세
0 泳	柄 0	0 熙	基 0	鍾 0	0 河	0 柱	然 0	圭 0	鎭 0

수은공파(樹隱公派) 휘 충한(沖漢)

35세	36세	37세	38세	39세	40세	41세	42세	43세	44세	45세
種 0	0 秀	雲 0	0 宇	成 0	0 起	庸 0	0 宰	廷 0	0 泰	學 0
遇 0	0 旭	會 0	0 永	茂 0	0 弼	康 0	0 達	憲 0	0 揆	孟 0
46세	47세	48세	49세	50세	51세	52세	53세	54세	55세	56세
0 度	容 0	0 鄉	良 0	0 範	南 0	0 來	東 0	0 周	儀 0	0 夏
0 兼	寧 0	0 希	振 0	0 兌	準 0	0 洙	輪 0	0 商	武 0	0 慶

문선공파(文宣公派) 휘 요(瑤)

9세	10세	11세	12세	13세	14세	15세	16세	17세	18세
福 0	光 0	0 基	0 銖	河 0	憲 0 濟 0	0 夏 0 周	英 0 濩 0	0 洪 0 範	甲 0 丙 0
19세	20세	21세	22세	23세	24세	25세	26세	27세	28세
0 八 0 九	翼 0 壁 0	0 建 0 滿	一 0 太 0	陽 0 靜 0	東 0 0 南	坤 0 乾 0	0 鍾 0 錫	洛 0 泳 0	0 根 0 植

밀직공파(密直公派) 휘 충원(沖源)

34세	35세	36세	37세	38세	39세
0 熙 0 烈	址 0 圭 0	0 鎬 0 鎔	基 0	鍾 0	0 河

월성부원군파(月城府院君派) 휘 천서(天瑞)

	38세	39세	40세	41세	42세	43세	44세	45세	46세
宗派	基	鐸	雨	根	烈	圭	鉉	洙	東
	38세	39세	40세	41세	42세	43세	44세	45세	46세
中派	相	燮	圭	練	源	東	炳	奎	鎭
	38세	39세	40세	41세	42세	43세	44세	45세	46세
季派	東	燮	在	鍾	洙	東	炳	奎	鎭

계림군파(鷄林君派) 휘 균(稛)

19세	20세	21세	22세	23세	24세	25세	26세	27세	28세
正 0	0 植	學 0	0 基	鎭 0	0 洙	相 0	0 煥	奎 0	0 鉉
29세	30세	31세	32세	33세	34세	35세	36세	37세	38세
海 0	0 杓	炳 0	0 培	錫 0	0 漢	柱 0	0 燮	吉 0	0 鈺

희경공파(僖敬公派) 휘 맹성(孟誠)

16세	17세	18세	19세	20세	21세	22세	23세	24세	25세
泰 0 0 鎭	0 洙 東 0	秉 0 相 0 0 夏	0 瑛 0 燮 0 煥	埈 0	0 錫	潤 0	0 根	烙 0	0 城
26세	27세	28세	29세	30세	31세	32세	33세	34세	35세
鍑 0	0 澈	楠 0	0 烈	奎 0	0 銹	滿 0	0 桓	墩 0	0 壕
36세	37세	38세	39세						
鐸 0	0 洪	柄 0	0 熙						

병판공파(兵判公派) 휘 중성(仲誠)

16세	17세	18세	19세	20세	21세	22세	23세	24세	25세
0 集 星 0	0 熙 0 遠	敎 0 0 商	正 0	0 植 0 經	學 0 知 0	0 基 0 式	鎭 0 是 0	0 洙 0 友	相 0 胄 0

26세	27세	28세	29세	30세	31세	32세	33세	34세	35세
0 煥	0 奎	0 鉉	海 0	0 杓	炳 0	0 培	錫 0	0 漢	柱 0

36세	37세	38세	39세
0 燮	吉 0	0 鈺	潤 0

공절공파(恭節公派) 휘 당(璫)

16세	17세	18세	19세	20세	21세	22세	23세	24세	25세
0 集 星 0	0 熙 0 遠	敎 0 載 0 商 0	正 0	0 植 0 經	學 0 知 0 時 0	0 基 0 式 0 銖 0 鍾	鎭 0 是 0 0 洪 0 泳	0 洙 相 0 東 0	相 0 奎 0 中 0

26세	27세	28세	29세
奎 0	0 鉉	海 0	0 杓

송애공파(松崖公派) 휘 경여(慶餘)

20세	21세	22세	23세	24세	25세	26세	27세	28세	29세
0 經	冠 0	鍾 0 鐸 0	0 洙 0 浩	東 0 注 0	0 煥 0 炫	奎 0 致 0	0 鎭 0 鎬	泳 0 淳 0	0 根

30세	31세	32세	33세	34세	35세	36세	37세	38세	39세
容 0	0 老	善 0	0 雨	榮 0	0 然	遠 0	0 會	浚 0	0 杓

한성판윤공파(漢城判尹公派) 휘 인민(仁民)

24세	25세	26세	27세	28세	29세	30세	31세	32세	33세
0 源 0 友	東 0 胄 0	0 炫 0 韶	在 0 道 0	0 鎬 0 厚	永 0 0 杰	0 杓 恒 0	炳 0 0 達	0 均 商 0	鐘0 0承
34세	**35세**	**36세**	**37세**	**38세**	**39세**	**40세**	**41세**	**42세**	**43세**
0 淳 和 0	柱 0 0 憲	0 燮 志 0	廷 0 0 欽	0 鎔鎬 0	潤 0 0 穆	0 休	烈 0	0 培	錫 0
44세	**45세**	**46세**	**47세**	**48세**	**49세**	**50세**	**51세**	**52세**	**53세**
0 洙	和 0	0 爀	載 0	0 鉉	泰 0	0 馥	夏 0	0 坤	銘 0

이판공파(吏判公派) 휘 계성(季誠)

21세	22세	23세	24세	25세	26세	27세	28세	29세	30세
知 0 0 榮	0 式 丙 0	是 0 時 0	0 友 0 善	胄 0 0 洛	0 韶 相 0	道 0 光 0	0 厚 0 奎	0 鎬 0 錫	洪 0
31세	**32세**	**33세**	**34세**	**35세**	**36세**	**37세**	**38세**	**29세**	
0 根	容 0	在 0	鍾 0	0 求	東 0	0 烈	圭 0	鎭 0	

송강공파(松岡公派) 휘 헌(禾憲)

16세	17세	18세	19세	20세	21세	22세	23세	24세	25세
聲 0	宗 0	載 0	良 0	麗 0	0 奎	庚 0	0 浚	東 0	0 燮
26세	**27세**	**28세**	**29세**	**30세**	**31세**	**32세**	**33세**	**34세**	**35세**
重 0	0 均	鉉 0	0 海	杓 0	0 炳	培 0	0 錫	漢 0	0 柱

정숙공파(貞肅公派) 휘 온(穩)

16세	17세	18세	19세	20세	21세	22세	23세	24세	25세
0 集	0 熙	教 0	正 0	0 植	學 0	0 基	鎭 0	0 洙	東 0

26세	27세	28세	29세	30세	31세	32세	33세	34세	35세
0 煥	奎 0	0 鉉	海 0	0 杓	炳 0	0 培	鎔 0	0 洛	義 0

공호공파(恭胡公派) 휘 종순(從舜)

19세	20세	21세	22세	23세	24세	25세	26세	27세	28세
正 0	0 經	0 榮 知 0	0 基 0 式	鎭 0 是 0	0 浩 0 友	相 0 胃 0	0 勳 0 韶	在 0 道 0	0 鉉 0 厚

봉익대부공파(奉翊大夫公派) 휘 남기(南基)

24세	25세	26세	27세	28세	29세	30세	31세	32세	33세
東 炳	烈 杰	奎 孝	鉉 歆	泳 洪	植 秀	炳 勳	重 坤	鍾 鍵	洛 泰

수성백파(隨城伯派) 휘 방(昉)

19세	20세	21세	22세	23세	24세	25세	26세	27세	28세
0 浩	景 0	0 植	0 均	鐘 0	鎔 0	0 淵	相 0	炳 0	0 圭

29세	30세	31세	32세	33세	34세	35세	36세	37세	38세
0 善	0 洙	柱 0	0 烈	0 宰	鎭 0	0 洪	東 0	0 求	0 坤

현령공파(縣令公派) 휘 능(稜)

16세	17세	18세	19세	20세	21세	22세	23세	24세	25세
0 廷	基 0	0 九	洪 0	0 植	炳 0	0 均	鐘 0	0 海	榮 0
26세	**27세**	**28세**	**29세**	**30세**	**31세**	**32세**	**33세**	**34세**	**35세**
0 烈	在 0	0 鎬	俊 0	0 相	南 0	0 炫	錫 0	0 泰	明 0

경주김씨(慶州金氏) 동원분관록(同源分貫錄)

貫 姓	始 祖	職號 및 系統	屬地名	
加平金氏	繼恭	中宗때兵曹参判 江陵金氏에서 分籍	경기 가평	
江東金氏	潤海	肅宗때 兵曹正郎 清道金氏에서 分籍	평안 강동	
江陵金氏	周元	大輔公閼智의二十一世孫	강원 명주	
江西金氏	洋	世宗때 大司成 敬順王六子江陵君鍵後	평남 강서	
康津金氏	原卿	高麗朝 司醞署直長同正 先系未考	전남 강진	
江華金氏	晟	江陰伯 敬順王三子鳴鐘七世孫 開城波	경기 강화	
	光	燕山때 兵曹参判 鳴鐘十八世孫 肅川派		
	松鶴	訓練主簿 光의 四世孫 義州派		
開城金氏	龍珠	高麗文宗때 開城君 義城金氏에서 分籍	경기 개성	
結成金氏	禮哲	金寧金氏 時興의 十一世孫	충남 홍성	
	達孫	金寧金氏 時興의 十一世孫 吏曹叅判	평북 위원	
京山金氏	孟	高麗朝 大將軍 星州金氏分籍	경북 성주	
慶山金氏	育和	高麗朝 慶山君 大安君後 或一善君後云	경북 경산	
慶州金氏	鳴鐘	慶州君 敬順王三子	경북 경주	
	殷說	大安君 敬順王四子		
	將有	版圖判書 (先系未考 以起世)		
	仁琯	太師 (先系未考 以起世)		
	順雄	將軍 (先系未考 以起世)		
	道輔	萬戶 (先系未考 以起世)		
鷄林金氏	九思	承正 敬順王三子鳴鐘後	경북 경주	
高靈金氏	南得	高陽府院君 義城金氏十一世孫 以分籍	경북 고령	

古阜金氏	克	參議 新羅宗姓 系未詳	전북 정읍	
高陽金氏	龍翰	英祖朝正郎 敬順王後孫	경기 고양	
公州金氏	義孫	公州伯 清道金氏九世孫分籍	충남 공주	
交河金氏	孟貞	高麗仁宗때 交河君 羅州金氏七世分籍	경기 파주	
光山金氏	興光	神武王第三子	광주	
光陽金氏	希爽	高麗宣宗때 兵部員外郎 先系未考	전남 광양	
廣州金氏	祿光	高麗高宗때廣州君 義城金氏七世分籍	경기 광주	
求禮金氏	斗南	求禮太守 安東金氏方慶後分籍	전남 구례	
金寧金氏	時興	平章事 封金寧君 大安君殷說九世後	경남 김해	
錦山金氏	侁(신)	遼陽省參政 錦州君 大安君殷說後	충남 금산	
金堤金氏	天瑞	平章事 後孫正傑封金堤君爲貫 慶州分籍	전북 김제	
金川金氏	樺(화)	參奉 敬順王後 扶寧金氏同源云	전북 남원	
金海金氏	濂(렴)	奉御 金海君 大安君曾孫(後金~法興派)	경남 김해	
金化金氏	景信	平章事 封金化君 金海君濂의 次子云	강원 김화	
金華金氏	浪(랑)	進士 敬順王後 系未詳	전남 승주	
羅州金氏	雲發	門下侍中 封羅州君 敬順王次子 鍠(황)의子	전남 나주	
樂安金氏	粹澄(수징)	高麗明宗때 監務 永芬公鳴鐘의十二世孫	전남 승주	
南原金氏	四知	敬順王子一善君錘後	전북 남원	
南平金氏	昌協	大安君殷說後楊洲金氏分籍	전남 나주	
藍浦金氏	鈿(전)	敬順王後 系未詳	충남 보령	
南海金氏	泰辰	掌隷院直長(장례원직장) 光金 版圖判書允臧後	경남 남해	
潭陽金氏	三俊	朝鮮成宗때掌令 彦陽金氏分籍	전남 담양	
唐岳金氏	樂	高麗때三韓統合功臣 慶州金氏分籍	평남 중화	
大邱金氏	達	朝鮮初 兵曹參議 金方慶玄孫	대구	
德山金氏	亮	進士 系未詳 慶州金氏分籍云	충남 예산	
道康金氏	希祖	侍中 道康伯 大安君後(一云康津金氏)	전남 강진	
東萊金氏	興壽	中宗때 東萊府使 敬順王後 系未詳	부산 동래	
茂長金氏	自武	端宗朝 濟州牧使 關智後 系未詳	전북 고창	

경주김씨(慶州金氏)

茂朱金氏	晟	高麗朝 大提學 茂朱伯 閼智後 系未詳	전북 무주	
文化金氏	檢達	閼智後 系未詳	황해 신천	
密陽金氏	承祖	元宗때 封密城君爲貫 閼智後 系未詳	경남 밀양	
白川金氏	善	成宗때 全羅左水使 閼智五十三世孫云	황해 연백	
鳳山金氏	明普	敬順王二十三世孫 商山金氏同源云	황해 봉산	
奉化金氏	仁昉(인방)	典客令 閼智後 系未詳	경북 봉화	
扶寧金氏	鎰	敬順王太子(一云扶安金氏)	전북 부안	
扶餘金氏	作辛	戶長 麻衣太子鎰七世孫 扶寧金氏分籍	충남 부여	
富平金氏	乙軫	永芬公鳴鐘十八世孫云	인천 북구	
泗川金氏	皐	金方慶의 玄孫인 齊顔의 子 安東分籍	경남 사천	
三陟金氏	渭翁	悉直王 敬順王八子一善君錘의元子	강원 삼척	
商山金氏	需(수)	南尹 封商山君 閼智後 系未詳	경북 상주	
祥原金氏	洛	祥原君 大安君殷說二十五世孫	평남 중화	
瑞山金氏	得培	恭愍王때政堂文學 商山金氏分籍	충남 서산	
瑞興金氏	寶	中郎將 大安君殷說의五世孫	황해 서흥	
善山金氏	宣弓	三重大匡 文聖王後(一云一善金氏)	경북 선산	
	錘(추)	一善君敬順王八子(一云錘系)		
雪城金氏	畯(준)	平章事 敬順王五子 義城君錫의十代孫	경기 이천	
星州金氏	孟	僖康王後系 또는 大安君殷說後云	경북 성주	
遂安金氏	愃(선)	上將軍遂安君 上洛君方慶의長子	황해 수안	
水原金氏	稟言(품언)	平章事大安君殷說의孫	경기 수원	
	忭(변)	上洛君方慶의子		
隨州金氏	漢樸(한박)	禮部尙書 大安君殷說의十一世孫	평북 정주	
樹州金氏	鼎實	高麗朝少監 敬順王二十世孫云	인천 북구	
淳昌金氏	之珍	大安君殷說의十五世孫云	전북 순창	
順天金氏	摠(총)	引駕別監(인가별감) 封平陽君 新羅宗姓	전남 순천	
順興金氏	臧逸	朝鮮朝正郎 大安君殷說의 十六世孫云	경북 영주	
昇平金氏	尤仁	典客令 順天金氏分籍	전남 순천	
信川金氏	得秋	朝鮮開國功臣 鷄林君稛(균) 의 七世孫	황해 신천	

新平金氏	萬挺(만정)	摠의 二十九世孫云 順天金氏分籍	충남 홍성	
安老金氏	之敬	敬順王後 系未詳 혹 羅州金氏分籍	전남 나주	
安東金氏	叔承	侍郎 大安君次子 後孫方慶爲中祖(舊)	경북 안동	
	宣平	高昌城主 三韓功臣太師 新羅宗姓(新)		
安山金氏	兢弼(긍필)	顯宗朝左僕射 封 安山君 新羅宗姓	경기 시흥	
安城金氏	墩(돈)	高宗朝左僕射 眞平王때大阿干再英後	경기 안성	
安岳金氏	瑩(영)	端宗朝直長 鷄林君稛의五世孫	황해 안악	
野城金氏	就磷(취린)	侍中 野城君 敬順王後(一云 盈德金氏)	경북 영덕	
楊根金氏	仁贊	節制使 益和君 大安君後 改益和金氏	경기 양평	
梁山金氏	衍(연)	高麗通事舍人 新羅宗姓	경기 양산	
楊州金氏	元寶	高麗때 禮部尙書 大安君의 九世孫	경기 양주	
楊平金氏	義杆(의간)	司正 新羅宗姓 系未詳	경기 양평	
彦陽金氏	鐥(선)	封彦陽君 敬順王七子	울산 울주	
燕州金氏	俊孫	知中樞府事 大安君後(一云燕城金氏)	충남 연기	
延安金氏	暹漢(섬한)	明宗때 國子監四門博士 新羅宗姓	황해 연백	
延日金氏	叙興(서흥)	禮賓丞同正大安君九世孫(一云烏川金氏)	경북 영일	
延豊金氏	以道	仁祖때 副司禦 商山金氏分籍	경북 괴산	
靈光金氏	審言(심언)	顯宗때 平章事 大安君殷說의孫	전남 영광	
靈山金氏	淳	世祖때 大司憲 義城金氏分籍	경남 창녕	
永山金氏	令貽(영이)	檢校典客令 封永山君 神武王子益光後	충북 영동	
靈巖金氏	淑(숙)	明宗때 湖南按察使 敬順王後 系未詳	전남 영암	
寧越金氏	麗生(여생)	典獄署奉事 敬順王子一善君鍾八世孫	강원 영월	
永川金氏	天佾(천일)	永芬公鳴鐘의十七世孫	경북 영천	
	之侙(지칙)	敬順王十二世孫云 系未詳		
	永長	檢校漢城府尹 系未詳		
榮州金氏	挺磁(정석)	太子少保 敬順王後 系未詳	경북 영주	
寧海金氏	億斂	世宗때 寧海府使 上洛君方慶後	경북 영덕	
禮安金氏	尙(상)	高麗때 戶長 新羅宗姓(一云宣城金氏)	경북 안동	
醴川金氏	先致	典理判書 商山金氏十一世孫 分籍	未詳	

경주김씨(慶州金氏)

醴泉金氏	存沙(존사)	敬順王七子 彦陽君鐥後	경북 예천	
玉川金氏	錕(곤)	禮安金氏十七世得先의三子 分籍	전북 순창	
沃川金氏	希喆	宣祖때 別提 慶州金氏 將有의 十世孫	충북 옥천	
完山金氏	嚴(정)	生員 大安君殷說의七世孫	전북 전주	
龍宮金氏	存中(존중)	毅宗(의종)때 太子少傳 大安君殷說의八世孫	경북 상주	
龍潭金氏	德生	兵曹參議 大安君後 水原金氏分籍云	전북 진안	
龍城金氏	時輔(시보)	豐基郡守 大安君後 水原金氏分籍	경기 화성	
龍安金氏	德齡(덕령)	義兵將 光山金氏分籍	전북 익산	
牛峰金氏	澳(오)	侍御史 永芬公鳴鐘의長子	황해 금천	
蔚山金氏	德摯(덕지)	敬順王子 世失傳 朝鮮開國功臣穩 爲中祖	울산	
熊川金氏	就行(취행)	佐郎 新羅宗姓 系未詳	경남 창원	
原州金氏	巨公	毅宗(의종)때 樞密院使 敬順王後	강원 원주	
月城金氏	光佑	世宗때 德川郡守 大安君後 分籍	경북 경주	
殷栗金氏	尙銅(상동)	朝鮮 明宗때 司正 新羅宗姓	황해 은율	
恩津金氏	田漑(전개)	朝鮮 明宗때 判官 光金御使公良粹後	충남 은진	
宜寧金氏	天極(천극)	左尹 新羅宗姓 系未詳	경남 의령	
義城金氏	錫(석)	義城君 敬順王五子	경북 의성	
義州金氏	成甲	系未詳 義興金氏分籍	평북 의주	
義興金氏	成甲	龜城君 大安君殷說十五世孫	경북 군위	
利川金氏	楊震(양진)	中宗때同知樞 大安君後 豐山金氏分籍	경기 이천	
伊川金氏	順傑	武烈王十一世孫金道康 後云	강원 이천	
益山金氏	三樂	將仕郎 大安君後	전북 익산	
仁同金氏	淀(정)	仁同府使 水原金氏二十二世孫 分籍	경북 칠곡	
臨津金氏 (임진김씨)	仁祖	神虎衛上將軍 新羅宗姓 系未詳	경기 장단	
臨陂金氏 (임피김씨)	漢樞(한추)	平章事 大安君殷說의十一世孫	전북 옥구	
長淵金氏	鼎新(정신)	文宗때 侍中 敬順王後 系未詳	황해 장연	
積城金氏	尙煥	高麗顯宗때 文科 義城金氏後孫分籍	경기 연천	
全州金氏	台瑞	高宗때 平章事 完山君 大安君七世孫	전북 전주	

定山金氏	福壽	縣監 大安君十六世孫	충남 청양	
井邑金氏	守溫	司直 新羅宗姓 永山金氏同源云	전북 정읍	
濟州金氏	濂(렴)	韓山郡守 商山金氏祖 需(수)의十八世孫	제주	
中和金氏	晢	文聖王後 唐岳金氏조 樂의 弟云	평남 중화	
珍島金氏	自敬	新羅宗姓 系未詳 一則 始祖 國儐云(국빈운)	전남 진도	
珍山金氏	天錫	監司 新羅宗姓 系未詳	충남 금산	
振威金氏	昇景	大護軍 一則始祖起門 新羅宗姓 系未詳	경기 평택	
鎭岑金氏 (진잠김씨)	克福	世宗때 都承旨 敬順王後 系未詳	충남 대덕	
晋州金氏	錘(추)	敬順王八子 封晋城君爲貫云	경남 진주	
鎭川金氏	斯革(사혁)	知門下府事 江陵金氏 周元後 分籍	충북 진천	
鎭海金氏	以珍(이진)	大司憲 新羅宗姓 系未詳	경남 진해	
昌寧金氏	廷晢	新羅宗姓 系未詳 一則 侍郎佺云(시랑전운)	경남 창녕	
昌原金氏	乙軫(을진)	恭愍王때 太子詹事(태자첨사) 永芬公鳴鐘後	경남 창원	
昌平金氏	錫奎	主簿 新羅宗姓 系未詳 一則司空兌 云	전남 담양	
天安金氏	德麟(덕린)	英祖때 直講	충남 천안	
鐵原金氏	應河	光海君때 武將 上洛君方慶後安東分籍	강원 철원	
清道金氏	之岱(지대)	平章事 大安君殷說의 八世孫	경북 청도	
青山金氏	致濟(치제)	睿宗때 宣敎郎 敬順王後 系未詳	충북 옥천	
青松金氏	正己	漢城判尹 大安君後台瑞의 六世孫	경북 청송	
青陽金氏	沉(침)	監務 系未詳 又一派 振玩系 新羅宗姓	충남 청양	
清州金氏	錠(정)	敬順王六子云 十世孫甫 爲中祖	충북 청주	
清風金氏	大猷(대유)	麗末 때 門下侍中 大安君殷說後	충북 제천	
草溪金氏	須(수)	靈光副使 光山金氏分籍	경남 합천	
春陽金氏	怡(이)	高麗後期中贊 敬順王子 一善君錘後	경북 봉화	
忠州金氏	南吉	恭愍王때 太子大傅 永芬公鳴鐘後	충북 충주	
漆原金氏 (칠원김씨)	永晢	刑曹参判 新羅宗姓 系未詳	경남 함안	
兎山金氏 (토산김씨)	富允	都僉議贊成事 新羅宗姓 系未詳	황해 金川	

경주김씨(慶州金氏)

通川金氏	較(교)	金壤 (通川)伯 麻衣太子鎰의 長子云	강원통천	
坡州金氏	永兢(영긍)	吏曹叅議 新羅宗姓 坡平金氏同源云	경기 파주	
坡平金氏	長壽	恭愍王때 上將軍 新羅宗姓 系未詳	경기 파주	
平山金氏	承茂(승무)	高宗때 侍御史 永芬公鳴鐘十四世孫	황해 평산	
平壤金氏	運	司空 大安君三子 濂의 孫子	평양	
平昌金氏	鳴應(명응)	大安君殷說後 系未詳	강원 평창	
平澤金氏	完考	大司諫(대사간) 新羅宗姓 系未詳	경기 평택	
平海金氏	淑興	工部尙書 大安君殷說의 九世孫	경북 울진	
豊基金氏	崇元	漢城府右尹 大安君後 豊山金氏分籍	경북 영주	
豊德金氏	子盎(자앙)	寶文閣大提學 敬順王後 系未詳	경기 개풍	
豊山金氏	文迪(문적)	判事 大安君殷說의 十一世孫	경북 안동	
豊川金氏	英柱	興海守 新羅宗姓 永柔金氏同源 分籍	황해 송화	
河陰金氏	孝逸	大安君後 台瑞의曾孫	경기 강화	
漢南金氏	祿延(녹연)	右諫議大夫 水原金氏 稟言의孫	경기수원	
咸安金氏	太白	新羅宗姓 麻衣太子後 或光金分籍云	경남 함안	
咸陽金氏	俊德	高麗朝太師 敬順王後 系未詳	경남 함양	
咸平金氏	九鼎	商山金氏祖 需의 二十二世孫分籍云	전남함평	
咸興金氏	濂	朝鮮初 府尹 新羅宗姓 系未詳	함남 함흥	
陜川金氏	玄德	大司諫 新羅宗姓 系未詳	경남 합천	
南海金氏	忍	副摠管 永芬公鳴鐘十九世孫云	전남 남해	
海州金氏	士濂	麗末鮮初의 隱士 新羅宗姓 系未詳	황해 해주	
海平金氏	萱述(훤술)	三重大匡 系失傳 後孫兌 爲起世祖	경북 선산	
玄風金氏	修	永芬公鳴鐘後 天瑞玄孫	경북 달성	
和順金氏	益九	肅宗때 結城縣監 永芬公鳴鐘後	전남 화순	
洪州金氏	仁義	宜寧郡守 敬順王子 江陵君鍵後	충남 홍성	
	珣(순)	大安君殷說後		
興德金氏	以漸(이점)	大護軍 新羅宗姓 系未詳	전북 고창	
興海金氏	乙輅	大司馬(兵判)敬順王後 系未詳	경북 영일	
熙川金氏	佑	麗初門下侍中 敬順王子鍾의子云	평북 희천	

附 同源 異姓				
安東權氏	幸	幸은 本是 新羅宗姓金氏로 古昌郡事로 있을 때 金宣平 張貞弼 등과 高麗에 歸附하고 甄萱(견훤)을 大破 하니 幸은 능히 幾微(기미)를 알아 權道에 通達했다 하여 權씨로 賜姓(사성)하였다함		
甘泉文氏	原吉	始祖 新羅宗姓인 金世光이며 後孫인 金高璧(김고벽)이 中國에 들어가서 文章으로 이름을 날려 文氏로 賜姓되고 그의 아들 文原吉이 歸國하여 郎將이되니 이를 中祖로 삼았다함. 또 文龜를 始祖로 하는 南平文氏에서 分籍된 甘泉文氏가 따로 있다 . 甘泉은 慶北醴泉郡의 屬面이다.		
隋城崔氏	永奎	本是 敬順王後孫으로 隋城의 州牧이되어 孝悌로써 州民을 敎化하니 忠烈王이 嘉尙하여▯ 隋城伯에 封하고 崔氏를 賜姓하였다함. 隋城은 水原의 옛이름이다.		
光州李氏	珣伯(순백)	本是 憲安王子 弓裔의 後이니 高麗太祖가 弓裔를 滅하고 그 子를 光州에 定屬하고 鄕役을 傳授하였는데 珣伯(순백)에 이르러 李氏로 改姓하였고 벼슬이 左僕射에 이르니 子孫들이 이를 貫籍으로 삼았다함		
江陵王氏	順式	順式은 本是 新羅宗姓으로 溟洲將軍인데 高麗에 投降하니 太祖가 賜姓하였다하나 子孫未傳이다.		
	乂(예)	乂는 周元의 七世孫으로 王氏로 賜姓되었으나 十四世孫 王坦之(왕탄지)에 이르러 江陵金氏로 復姓되었다함.		
附 同姓異源(駕洛系金氏 및 歸化金氏 參考收錄)				
金海金氏	首露	駕洛國太祖	경남 김해	
固城金氏	末露	小伽倻國 始祖 金末露王	경남 고성	
金陵金氏	仲龜	太子太師 封金陵君 金首露王	경북 김천	
晉州金氏	三光	駕洛系 金庾信의 次子임(新羅系別途)	경남 진주	
咸昌金氏	宗悌	古寧伽倻國王의 後 系失傳 中祖起世	경북 상주	
金海金氏	忠善	日本人 本名沙也可 歸化賜姓(一云友鹿:일운우	경남 김해	

		록)		
英陽金氏	忠	唐의 荊州刺使(형주자사)景德王때 歸化賜姓	경북 영양	
太原金氏	學曾	明 神宗때 福建省都御史 太原伯 歸化	중국 태원	
附 系未詳 金氏				
甘泉金氏	萬秋	新羅宗姓이라 하나 系統과 時代未詳	경북 예천	
高山金氏	紈(환)	中宗때 典籍 系未詳 黃澗金氏同源云	전북 전주	
槐山金氏	知孝	太宗때 左司經 新羅宗姓云 系未詳	충북 괴산	
南陽金氏	南貴	高麗朝顯宗때 縣令云 系未詳	충남 서천	
陵州金氏	繼元	系未詳 又有二派 鳴殷爲祖 始昌爲祖	전남 화순	
達成金氏	淡(담)	進士 新羅宗姓云 系未詳	경북 달성	
登州金氏	軾	判官 系未詳 又有 明學士金長生爲祖	함남 안변	
務州金氏	淀救(정구)	牧使 系未詳	전남 무안	
保寧金氏	億積(억적)	兵曹正郎 系未詳	충남 보령	
盆城金氏	俊榮	盆城君 壬辰亂때 扈聖功臣(호성공신)三等 系未詳	경남 김해	
成川金氏	漢貂(한초)	高麗國子監注簿 新羅宗姓云 系未詳	평남 성천	
梁山金氏	衍(연)	高麗通事舍人 新羅宗姓云 系未詳	경남 양산	
驪州金氏	純良	縣監 新羅宗姓云 系未詳	경기 여주	
永州金氏	文祚	正郎 新羅宗姓云 系未詳	경북 영천	
長城金氏	克信	判校 系未詳	전남 장성	
韓山金氏	失傳	系未詳	충남 서천	
海豊金氏	樂善	尙書 系未詳 德水金氏 貞州金氏 同根云	경기 개풍	
花開金氏	仁璜	兵部尙書 系未詳	경남 보양	
黃州金氏	正純	仁宗때 平章事 系未詳	황해 황주	

중시조(中始祖) 경순대왕(敬順大王) 실기(實記)

경순왕(敬順王) 신도비명(神道碑銘)

동경(경주)에 경순왕의 전(殿)이 있은 지는 이미 오래 되었다.

제때에 향사를 모시고 모든 범절은 다 갖추어 졌으나 다만 글을 각하여 오래도록 전할 비가 없었다. 왕의 후손 재명(再鳴)이 세계(世系)와 사적을 적어 가지고 나에게 명(銘)을 청하는 지라 . 나는 경주 김씨와는 비록 적(관)은 다르지만 시조는 같은데 어떻게 그리 졸하다 하여 사양하겠는가? 삼가 서(序)도 쓰고 명도 짓는바이다. 서하여 가로되 왕의 휘는 부(傅)인데 신라 사람이다. 시조는 알지이니 탈해왕 9년 을축에 시림에서 닭우는 소리를 듣고 금궤속에서 아이 하나를 얻었다. 왕이 거두어 기르며 알지라 이름하고 김씨로 사성하였으니 이것이 득성의 유래이다.

2세는 세한이오. 3세는 아도요, 4세는 수류요, 5세는 욱보요, 6세는 구도요, 7세는 말구이니 미추의 아우이다. 미추가 첨해왕(석씨)을 이어 서니 김씨가 여기에서 나라를 갖게 되었다. 8세는 냇물왕이요, 9세는 복호요, 10세는 습보로 아울러 갈문왕에 추봉되니 갈문왕이란 당시에 추존(追尊)일컬음이다.

11세 지증왕 원년 경진(庚辰)은 곧 제(중국의 남북조시대)의 동혼후(東昏候)영원(永元)2년에 국호를 신라로 정하고 처음으로 왕이라 칭하였으며 상제(喪制)를 반포하고 순장(殉葬)을 금하였으니 지증은 그의 시호이다.

12세는 진종이요, 13세는 흠운이요, 14세는 마차요, 15세는 법선이니 현성왕으로 추숭(追崇)되고 16세는 의관이니 신영왕으로 추숭되었으며 17세는 위문이니 흥평왕으로 추숭되었다.

18세 효양이니 명덕왕으로 추승되고 19세는 원성왕이니 처음으로 독서출신과를 두었다. 20세는 예영이요, 21세는 균정이니 성덕왕으로 추승되고 22세는 신무왕이요, 23세는 문성왕이요, 24세는 안(安)이오, 25세는 민공요, 26세는 실흥이니 의흥왕으로 추승되고 27세는 효종이니 신흥왕으로 추승되고 28세가 경순왕이다.

왕은 경애왕(박씨)를 이었으니 이해 정해(丁亥)는 곧 후당(중국의 5대때)명종 천성(天成 2년)이다. 9년이 지난 을미년에 천명이 이미 바뀌었음을 알고 나라를 고려에게 물려 주니 왕자가 간하기를

"마땅히 충신 의사와 더불어 죽음으로 지키다가 힘이 다한 뒤에 그만들 일이 옵니다."하니 왕이 이르기를,

"나는 무고한 백성들이 피흘리고 죽어가는 것을 차마 보지 못하겠다"하고 그를 써서 고려 태조에게 보내어 양국을 하니 고려 태조가 손님의 예로 대하고 관광 순화 낙랑왕(觀光順化 樂浪王)으로 봉하였으며 장녀인 신란공주(神鸞公主)를

아내로 맞게 하니 송나라 태종의 흥국 3년이오, 고려 경종(무인: 3년 978)에 훙하니 시호는 경순이라 하였다.

릉은 장단부 고랑진의 성거산 계좌(癸坐)에 있었는데 여러 차례 병화(兵火)를겪다 보니 오랫동안 실전을 하였다가 영묘조(英廟朝)하였다가 무진에 이르러 지석을 얻어 나라에 알리니 계축을 특명하고 제사를 지내주었으며 수졸(守卒) 5인을 두게 하였다.

이보다 앞서 고도(故都)의 인사들이 왕의 백성들에게 인해로웠던 덕을 기리러 사당을 지어 영정을 모시고 제사를 지내왔는데 천개(천개: 명나라 희종의 연호) 정묘(인조 5년)에 사당을 동천촌(東泉村) 으로 옮겼고 인조조에 김시양(金時讓)의 장청(狀請)에 의하여 묘우를 새로 짓고 김씨 성을 갖은 이로 참봉을 삼고 쌀을 내렸으며 노비와 전답을 두게하였다.

현묘조에는 또 연신(筵臣: 경연관)의 주청에 따라 "경순왕전'이란 묘호를 내리고 유생(儒生)과 수호군(守護軍)과 전졸(殿卒)을 두고 호세(戶稅)를 면제하여 주기를 숭인전, 숭의

전, 숭덕전과 똑같은 예로 하였다.

선대왕(정조인 듯) 갑인년에는 전(전)뒷산에 사태가 날 염려가 있어 도신(道臣)이 진계(陳啓)하여 이건공비(移建工費)를 특사하여 사당을 경주부 남쪽 수리되는 봉황대 앞으로 옮겼으니 곧 미추왕릉의 아래로 계림에서 백무(한발걷는 거리)밖에 되지 않는 가까운 곳이다.

그래서 이미 제사를 지내 영령을 위로하고 또 영정을 새로 개모하여 예조에 명하여 유생과 전졸은 90여인으로 수호군은 100여인으로하여 호세 5결식을 면제하여 주도록 식례(式禮)를 정하고 참봉은 이조에서 첩지(帖紙)를 내리게 하였으니 열성조의 숭보(崇報)하는 의전이 비로소 크게 갖추어지게 되었다.

대개 삼한시대에는 국사가 갖추어져 있지 않고 문헌도 무징(無徵)하니 왕의 9년 동안 재유(在宥:무위로 다스림, 곧 다스림)한 가모(嘉謀)와 선정은 찾아볼 수 없지만 그 왕자에게 답한 말씀은 정령(丁靈: 친절함)하고 칙달(가엾게 여겨 슬퍼

함)하여 덕의가 넘쳐 있으니 촉주(蜀主)와 북지왕(北地王)의 일과 견주어 보면 그 현우(賢愚), 명암(밝고 어둠)이 과연 어떻한가?

저 송나라의 오월(吳越)은 아주적은 나라로 대대로 제후의 법도를 지켜온 처지에 여러 진영이 차차 깍이고 평정에 다다름에 머리 숙이고 명을 청하였으나 그 후에 수신이 오히려 극 공덕을 날날이 들어 돌에 새겨 세웠는데, 생각건데 경순왕은 오래된 서업(緖業)을 이어 부강한 국력을 가졌으니 금탕(金湯)은 험함을 믿을만 하고 병갑(군사의 무기)은 족히 적을 막아낼만 하였으나 다만 차마 하지 못하는 마음으로 천승(千乘)을 버리기를 폐사(헌신짝)처럼 하였으니 어느 사람보다 어짐이 큰 것이다.

후세에 평판하는 선비가 잘한 일이라고 찬양하는 사람이 많았음은 지당한 일이나 전사(全史: 완전한 사기)와 패승(작은 사기)이 없었으니 중간에 그런 것을 쓰지 않아서 그렇게 되었을까?

혹 이따가 실전되었는가? 하여간 슬픈일이다. 왕의 묘정에 비를 세우기를 여러 사람이 청하여 선조에 이미 윤허를 받았으나 모든 준비가 덜 되어 이제야 비로소 각하기를 경영하니 바로 후손들의 보본하는 정성에서 이룩된 것으로 왕의 여운이 영해간(嶺海間)에 애연(구름이 피어오르는 모양)히 덮혀 씌워짐을 볼 수 있을 것이다. 성하도다. 왕의 전비(前妃)는 박씨니 아들 셋, 딸 하나를 두었고 후비 왕씨는 아들 다섯, 딸 하나를 두었으니 태자와 차자(次子)와 영분공자(永芬公子)와 은열, 석, 건, 선, 추요장녀는 이금서(이금서)에게, 차녀는 황경(黃瓊)에게 출가하였다.

왕의 자손이 그수효가 억도 넘지만(많다는 뜻) 경주로 본을 한 집이 넷이 있으니 영분공자의 후손과 시중시랑공의 후손과 태사공의 후손과 판도판서공의 후손들이다. 명하여 가로되 계림의 오른쪽, 봉황대 남쪽에 영전이 그윽한이 단청도 빛나여라 유상(遺像)이 엄연하니 곤룡포(袞龍袍)에 수치마라 그 누구를 모시는가?

거룩하신 경순왕님 왕이 양국하실 적에 어진말씀 나타났

다. 그와 같이 후덕하심 그 후손이 창성하네, 우뚝 솟은 용의 머리 묘우 곁에 세웠도다 이 명시를 지었으니 영원토록 빛나리라.

정헌대부 예조판서 겸 지의금부사 경연 춘추 관사 홍문관 제학 강릉 김계락(金啓洛) 찬(찬) 하고 가선대부 예조참판 겸 동지 겸 동지경영성균관사 김노경(金魯敬)글 쓰다

경순왕(敬順王) 비문(碑文)

◎전면(前面)

경순왕(敬順王)은 신라(新羅) 제56대왕(第五十六代王)으로 후당천성2년무자(後唐天成二年戊子)에 경애왕(景哀王)의 대(代)를 이어 왕위(王位)에 오르셨고 청태을미(清泰乙未)에 고려(高麗)에 나라를 넘겨주었으며 송태평흥국무인(宋太平興國戊寅 : 서기978년) 고려 경종 3년 4월 4일(高麗 景宗 三年 四月 四日)에 훙(薨 : 서거)하니 시호(謚號)를 경순(敬順)이라

하고 왕례(王禮)로서 장단고부남 8리 계좌지원(長湍古府南八里 癸坐之原)에 安葬하였다.

지극한 행실이요, 순수한 덕망이시라 영걸(英傑)하신 모훈(謀訓)이 굳센 의열(義烈)이시다.

성상(聖上 : 영조)이십삼년정묘(二十三年丁卯 : 서기 1747년) 月 日에 개립(改立)하다.

◎후면(後面)

조심스럽게 살펴보면 경순왕릉(敬順王陵)이 경기도(京畿道) 장단(長湍) 현남(縣南) 8리(八里)(今府東二十里 與地勝覽北十里 云誤矣)인데 오래도록 능소(陵所)를 잃었다가 영종3년(영(英宗三年) 정미(丁未)에 비로소 지석(誌石)을 발견하여 정묘(丁卯)에 찾았고 영역(靈域)에는 국가(國家)에서 일국내외(一局內外)의 분묘(墳墓)를 이장(移葬)하는 한편 개봉(改封)하여 비(碑)와 석물(石物)을 세우고 예관(禮官)을 보내어 제사(祭祀)지내고 본부(本府)에서 해마다 향사(享祀)하는데 군대(軍

隊)를 설치(設置)하여 영구(永久)히 수호(守護)하는 등 전말(顚末)을 대략 기록한다.

경순왕(敬順王) 사실(事實)

후당명종천성이년정해(後唐明宗天成二年丁亥)에 왕(王)이 내형(內兄) 경애왕(景哀王)을 이어 섰다. 왕청태이년(王清泰二年)에 견훤(甄萱)이 경성(京城)에 들어와 왕(王)을 옹립(擁立)하나 국세(國勢)가 벌써 기울었으므로 국토(國土)를 고려(高麗)에게 넘기려고 도모하니 태자(太子)가 간하되 듣지 않고 이르기를 "외롭고 위태(危殆)하기가 이러하니 지탱할 수 없는데 무죄(無罪)한 백성(百姓)으로 어육(魚肉)이 되게 함은 내가 차마 하지 못한다" 하며 김봉휴(金封休)로 하여금 글을 올려 고려에 신라의 천년사직을 물려줄 뜻을 청하여 9년을미11월(九年乙未十一月:935)에 송도(松都)로 들어가니 고려(高麗)태조(太祖)가 들밖에 나가 영접(迎接)위로(慰勞)하고 유화궁(柳花宮)에 관사(館舍)를 정하며 장녀낙낭공주(長女樂浪公主)로 취처(娶妻)하게 하고 관광순화위국공신상주국락낭

왕정승위(觀光順化衛國功臣上柱國樂浪王政丞位)를 배(拜)하고 태자(太子)가 세급록일천석(歲給祿一千石)을 올리며 동갑제일구(東甲第一區)의 궁(宮)을 주고 또 신란궁(神鸞宮)을 創建하여 주었으며 신라(新羅)를 제(除)하고 경주(慶州)로 하여 인해 식읍(食邑)으로 주고 경종원년(景宗元年)에 또 상부(尙父)를 더하니 그 책고(冊誥)에 대략 이르기를 "대대로 계림(鷄林)에 살며 벼슬은 왕작(王爵)이었다. 기풍(氣風)은 영걸(英傑)이오 문장(文章)은 재사(才士)로다 병법이 풍부하고 지모가 비상하도다"라고 하였고 호(號)를 더 하고 훈봉(勳封)도 여전(如前)하고 식읍(食邑)도 일만호(一萬戶)로 하였다.

대송태평흥국사년 · 고려경종삼년무인사월사일(大宋太平興國四年 · 高麗景宗三年戊寅四月四日)에 죽으니 시호(諡號)는 경순(敬順)이다.

장우(葬于) 장단부남팔리 성거산 계좌 정향원(長湍府南八里聖居山 癸坐 丁向原)이라.

경순왕(敬順王) 영당중건기(影堂重建記)

영당(影堂)이 임진(壬辰)왜란(倭亂)의 화로 폐허(廢墟)가 된지 벌써 三十年이다. 천계병인가을(天啓丙寅秋)에 김공시양씨(金公時讓氏)가 영남(嶺南)을 안찰(按察)할 때에 중건(重建)을 하려더니 마침 정묘년(丁卯年) 봄 적난(翟亂)의 난(亂)을 만났더니 다행히 도둑이 물러간 후에 비로소 경영(經營)하는데 내외(內外)후손(後孫)의 도내(道內)책임(責任)을 맡은 자(者)들이 각기 비용(費用)을 도왔다.

이해 가을에 공(公)이 글로 써 삼가임소(三嘉任所)에 와서 불러 낙성을 보게 하므로 내가 달려가니 영당(影堂)이 벌써 빛났었다. 며칠 후 본부판관(本府判官) 남궁위(南宮(火+韋))가 찾아와 이르기를 이 영당(影堂)의 건축(建築)은 천수(天數)가 지정된 것 같습니다.

어느 때 한 노인이 와서 말하기를 "내가 부중(府中)에서 행걸(行乞)한지 여러 해 인데 전날 밤 꿈에 한 곳에 이르니 왕이 면류관(冕旒冠) 곤룡포(袞龍袍)로 전각(殿閣) 위에서 전갈(傳喝)하기를 내 집이 무너진 지 벌써 오래였다. 3년 후에 반드시 건축할 사람이 있을 것이니 너는 잘 지켜 보라"고 하므로 대답하고 물러와서 꿈을 깨서는 앉아서 날 새기를 기다려 옛 궁전(宮殿) 터를 두루 찾는데 오직 이 영당(影堂)은 꿈에 보던 것으로 비록 전각(殿閣)은 없어도 섬돌 주춧돌과 뜰이 완연하게 꼭 맞으니 내가 영험(靈驗)을 알고 마음이 진실로 황공하여 집을 우그리고 살며 지키려고 하나 관부(官府)의 땅이라서 감히 독단 못하고 고합니다. 하므로 내가 괴이하게 생각하며 원하는 대로 허락하였더니 지금 사또가 이 나라에 오시어 그의 말하던 삼년의 기한이 드러맞았고 이 영당이 중건되었으니 어찌 예정된 천수가 아니리까. 내가 듣고 이상하게 생각하여 곧 公에게 告하며 公에게 기록을 청하니 公은 필시 저술한 것이 있으되 타인에게는 뵈이지 않는 것으로 생각된다. 그 해 겨울에 전각을 낙성하고 위패를 모셔 봉안하니 대개 영정은 모사(模寫)할 증거(證據)가 다시없는 까닭이니 이것은 후손으로서 백천년 아래의 무궁한 한탄(恨歎)인데 향화(香火)의 봉사(奉祀)가 폐지(廢止)하였다가 다시 계속(繼續)되는 것은 실로 金公의 追遠하는 정성에서이니 이것 역시 불행중 일대행(一大幸)인 것이다.

후손 통훈대부행삼가현감 효건 기 (後孫 通訓大夫行三嘉縣監 孝建 記)

동경잡기(東京雜記)에 이르되 경순왕(敬順王)의 영당(影堂)이 경주부동북사리(慶州府東北四里)에 있으니 매번 명절(名節)날에 주(州)의 수리(首吏)가 삼반(三班)을 인솔(引率)하여 제향(祭享)하는데 천계병인(天啓丙寅)에 관찰사(觀察使) 김시양(金時讓)이 후손(後孫)으로서 본부(本府)에 이르러 영당(影堂)에 제례(祭禮)를 행하는 때에 지방 후손들이 유사(有司)를 의정(議政)하여 행사(行祀)하는데 해마다 상례(常例)로 한다.

중수표석(重竪表石)

경순왕(敬順王) 영정기(影幀記)

원주(原州) 남면(南面) 용화산(龍華山) 고자암(高自庵)에 있다.

우리 경순왕(敬順王)의 화상(畵像)이 옛날에는 계림(鷄林)에 있더니 임진(壬辰)난리(亂離)에 전각(殿閣)과 함께 타버렸다. 인묘(仁廟) 정묘(丁卯)에 후손 하담공(荷潭公)이 영남(嶺南)을 안찰(按察)할 때에 전각(殿閣)을 옛터에 중건(重建)하였으되 화상(畵像)은 모사(模寫)할 근거(根據)가 없어 위패(位牌)를 모시고 해마다 봉사(奉祀)하여 표충(表忠)의 향화(香火)가 그치지 아니하여 비록 사녀(士女)의 마음을 위로하나 화상(畵像)을 보지 못하니 실로 후손(後孫)의 유감(遺憾)이었다. 강원도인(江原道人)에게 듣건대 화상(畵像) 한 폭이 원주(原州) 용화산(龍華山) 고자암(高自庵)에 있다하니 전설(傳說)로는 왕이 손국(遜國)한 후로 청정(淸淨)한 마음으로 명산(名山)을 편답(遍踏)하다가 제천에 이르러 이궁(離宮)을 지어놓고 서(西)쪽으로 산에 올라 용화산의 빼어난 것을 바라보고 그 상봉(上峰)에 올라가 산(山)을 따라 돌을 깎아 미륵(彌勒)을 조성하고 절을 지으니 이름은 학수사(鶴樹寺)이며 또는 소제(小齋)를 미륵(彌勒)앞에 세우니 곧 고자암(高自庵)이다.

왕(王)께서 여기에 머물고 놀은지 역시 오랬다면 화상(畵像)이 여기에 있는 것도 당연하니 생각해 보면 당시에 왕을 따라다니던 신하(臣下)들이 망국(亡國)의 한을 애통(哀痛)하면서 이 땅은 왕이 마음붙인 곳이므로 화상(畵像)으로 전(傳)하여 유적을 뵈인 것인가 그렇지 않으면 불자들이 왕의 백성을 위해 나라를 버린 인자한 마음을 흠모하여 화상을 받들어 명성을 길게 함인가 고려(高麗) 중세(中世)에 절의 전각이 무너지고 인적(人跡)이 그친지 몇해런가?

황산거사(黃山居士)란 분이 우연(偶然)히도 칡덤불을 헤치어 무너진 벽위의 완연한 전날의 화상(畵像)을 발견하고 전각(殿閣)을 새로 지어 봉안하였더니 조선(朝鮮)조 국초(國初)에 이목은, 권양촌과 권상국, 희와 권도관(李牧隱 權陽村과 權尙國 禧와 權都官)도 이 여러분의 감개(感慨)한 뜻을 실천하므로 다시 옛 전각을 중수(重修)한지도 다시 三百年이 지내여서 비단이 박락(剝落)되어 얼굴빛이 차차 옛 모습을 잃게 되었더니 경주인(慶州人)인 김공필진(金公必振)은 역시 왕의 후손으로서 숙종정사년(肅宗丁巳年)에 원주목민관(原州牧民官)이 되어 분향(焚香) 봉사(奉祀)하고 녹봉(祿俸)을 털어 김무진(金武眞)과 승려의 근실한 사람에게 부탁하여 화공(畵工)을 求하여 새로 본떠 화상을 모시는데 새로 전각을 대웅전(大雄殿) 오른편에 지어 이봉(移奉)하였더니 정축년(丁丑年)에 절은 화재(火災)로 불타버리고 오직 영정(影幀) 모신 전각(殿閣)만 우뚝 서서 있으되 간호(看護)할 사람이 없어 퇴폐(頹廢)한지가 또 30년(三十年)에 이르므로 승려들이 또 암자(庵子) 왼편에 옮겨 세우니 곧 當?(英宗) 정사년(丁巳年) 봄이다.

슬프다. 영전(影殿)이 창건(創建)한 후로 황폐(荒廢)한 것이 두 번이오 중건(重建)한 것이 두 번이오 옮겨 건축(移建)한 것도 역시 두 차례로 상하계(上下計)가 벌써 팔구백년(八～九百年)이로되 칡덤불 속에서도 영정(營庭)이 썩지도 아니하고 화재(火災) 때에도 불타지 아니하였으니 참으로 신기하였다.

-경순왕 관련 기록

경순왕(敬順王;?~978) 김부(金傅)

신라의 왕(재위 927~935). 성 김(金). 이름 부(傅). 문성왕(文聖王)의 6대손. 아버지는 이찬(伊飡) 효종(孝宗)이며, 어머니는 헌강왕(憲康王)의 딸 계아태후(桂娥太后)이다. 927년 후백제 견훤(甄萱)의 침공으로 경애왕(景哀王)이 죽은 뒤 왕위에 올랐다. 재위 때는 각처에서 군웅(群雄)이 할거하여 국력이 쇠퇴하고, 특히 여러 차례에 걸친 후백제의 침공과 약탈로 국가의 기능이 마비되었다. 영토는 날로 줄어들고, 민심이 신흥 고려로 기울어지자 군신회의(群臣會議)를 소집, 고려에 귀부(歸附)하기로 결정하고, 935년 고려 태조에게 항복하였다. 태조로부터 유화궁(柳花宮)을 하사받았으며, 낙랑공주(樂浪公主)를 아내로 맞고 정승공(政承公)에 봉해졌으며, 경주(慶州)를 식읍(食邑)으로 받았다. 한편, 경주의 사심관(事審官)에 임명됨으로써 고려시대 사심관제도의 시초가 되었다. 능은 경기 연천군 장남면(長南面)에 있다.

경순왕릉산세기(敬順王陵山勢記)

산세(山勢)의 내맥(來脈)을 살펴보면 내룡(來龍)이 멀기도 하다. 장백산(長白山)에서 시작하여 꾸불꾸불 천여리(千餘里)를 오고 동해(東海)를 따라 남쪽으로 뻗어오기를 또 천리에 멈추어 제일 높은 화악(華岳)을 이룬다. 다시 남쪽으로 수백리를 내려오다가 우뚝 솟은 산이 성거산(聖居山)이다. 성거산은 우봉현(牛峰縣) 남쪽 60리쯤에 있는데 일명 구룡산(九龍山)이라고도 하고 또 평나산(平那山)이란 별칭도 있다. 산위에 다섯 봉우리가 있고 그 봉우리마다 각각 작은 암자가 있어 오암(五庵)이라고도 부른다. 이 산 낙맥(落脈)이 뚝 떨어져 남으로 달리다 장단고부(長湍古府)를 이루었고 다시 남으로 팔리(八里)를 달리어 임진강(臨陣江) 상류 고랑포(皐浪浦)를 한계선으로 한 봉을 이루었으니 이 지역이 경기도(京畿道) 장단군(長湍郡) 남면(南面) 고랑포이다. 멀리서 이 혈처(穴處)를 바라보면 한송이 모란꽃이 아침 이슬을 머금고 반쯤 핀듯한 형상이다. 좌우 용호(龍虎)의 삼중(三中) 산줄기는 마치 한잎 한잎의 꽃잎이 피어 벌어진 듯한 모양이다.

용절(龍節)은 천변만화의 기복으로 계축(癸丑)에서 작뇌축수두(作腦丑垂頭)로 뚝 떨어진 계좌(癸坐) 정향(丁向)의 남향판이다. 골육수(骨肉水)는 곤득오파(坤得午破)요 외수(外水)는 갑묘득수(甲卯得水)하여 오파(午破)로 흘러간다. 내청룡(內青龍)은 삼중(三重)으로 짧게 돌아 혈을 감싸주고 내백호(內白虎)는 웅장하게 감돌아 좌회우포(左回右抱)로 굽이돈다. 고랑포 맑은 강물이 내청룡(內青龍)이 만궁포(彎弓抱)로 흘러내려 천리내룡(千里內龍)이 영강결국(迎江 結局)으로 진혈을 이루었다. 외청룡(外青龍)은 오중(五重)으로 호종(護從)하면서 기치창검이 연이어 나열되고 손사방(巽巳方)으로는 웅장한 파평산(坡平山)이 응조(應照)하여 높이 솟아 있다. 그 가운데에 수려한 독산(獨山) 김산체(金山體)가 솟아 수구(水口)를 막아놓은 것이 더욱 장관이다. 혈처(穴處)에서 동남방(東南方)을 바라보면 수백 수천의 봉우리들이 나열되어 삼천분대(三千粉黛)를 이루었고 드문드문 높은 봉우리는 팔백연화(八百煙花)를 만들어준다. 형국(形局)은 「금계포란형((金鷄抱卵型)」으로 닭이 알을 품고 있는 명당(明堂)중의 명당이다.

경순왕(敬順王) 영정사실기(影幀事實記)

경순왕(敬順王)의 영정(影幀)은 본전(숭혜전)에 봉안(奉安)한 것이 도합 4본이다. 원본은 은해사(銀海寺)로부터 옮겨왔고 정조 18년 갑인(甲寅)에 2본을 다시 본떠서 1본은 본전의 감실(龕室:위패나 영정을 모시는 방)에 봉안하고 1본은 을람(乙覽:임금님이보심)에 제공한 후 도로 본전에 보내어 구본(舊本)과 함께 궤 안에 봉안하였다.

고종(高宗) 40년 계묘(癸卯)에 또 1본을 다시 본떠서 본전의 감실(龕室)에 봉안하고 구본도 또한 궤 안에 봉안하였다. 순천 송광사(松廣寺)에 또 경순왕(敬順王)의 영정(影幀) 1본이 있으니, 이는 후손(後孫) 한장(漢章)이 기증(寄贈)한 것이요. 원주(原州) 용화산(龍華山) 고자암(高自庵)에 또 1본이 있으니, 이는 후손(後孫) 사목(思穆)이 기증(寄贈)한 것이며 하동 쌍계사에 또 일찍이 1본이 있었는데 연전에 본전으로 옮겼다가 이제 하동 경천묘에 도로 봉안하였음.

참고문헌(參考文獻)

『삼국사기』(三國史記)

『삼국유사』(三國遺事)

『고려사』(高麗史)

『고려사절요』(高麗史節要)

『조선왕조실록』(朝鮮王朝實錄)

『고려공신전』(高麗功臣傳)

『국조인물고』(國朝人物考)

『국조방목』(國朝榜目)

『동국여지승람』(東國輿地勝覽)

『고려명신록』(高麗名臣錄)

『독립운동사』(獨立運動史)

『각성씨세보』(各姓氏世譜)

『성씨의고향』(姓氏의故鄕)

『한민족대성보』(韓民族大姓譜)

『한국문화유적총람』(韓國文化遺跡總攬)

『대동방씨족원류사』(大東方氏族源流史)

『한국의전통예절』(韓國의傳統禮)

『한국성씨총감』(韓國姓氏總鑑)

『한국인명대사전』(韓國人名大辭典)

『성씨대보총람』(姓氏大譜總覽)

경주김씨(慶州金氏) 이야기

2014 年 9 月 25 日 인쇄
2014 年 9 月 25 日 발행
편 저 : 성씨이야기편찬실
발 행 : 올린피플스토리

출판등록 : 제 25100 - 2007 - 000017 호
주 소 : 서울특별시 강동구 구천면로 18길 23호
홈페이지 : http://www.ollinpeople.co.kr
전 화 : 070) 4110 - 5959
팩 스 : 02) 476 - 8739
정 가 : ₩ 19,800

I S B N : 979-11-5755-038-8